JN157119

THE BEATLES
ビートルズはここで生まれた
聖地巡礼 from London to Liverpool

藤本国彦

CCCメディアハウス

CONTENTS

Marble Arch
Notting Hill Gate
Lancaster Gate
Queensway
Tottenham Court Road
Green Park
Hyde Park Corner
Piccadilly Circus
High Street Kensington
Knightsbridge
Charing Cross
Gloucester Road
Victoria
St. James's Park
Earl's Court
South Kensington
Sloane Square
Westminster
Waterloo

City of Liverpool
FORTHLIN
ROAD
L18

City of Liverpool
ADMIRAL
GROVE
L8

Bass
YE CRACK

Friar Park

ENGLISH HERITAGE
JOHN
LENNON
1940-1980
Musician
and Songwriter
lived here
1945-1963

UPTON
GREEN

In memory of
JOHN LENNON
Attended Dovedale Infant School
May 1946-July 1948
& with many thanks to
YOKO ONO LENNON
for her generous support

GAMBIER TERRACE

National Trust
The proud family home of
the McCartney family;
Jim, Mary, Paul and Mike
Accessible via The National Trust
Tickets available from:
www.nationaltrust.org.uk/beatles
Telephone: 0151 427 7231
(There is no direct access inside the house)

THE HERITAGE FOUNDATION
BRIAN
EPSTEIN
1934-1967
Managed the Beatles
and other artists
from offices here
1964-67
SongLink International

National Trust
The childhood home of
John Lennon
Accessible via The National Trust.
Tickets available from:
www.nationaltrust.org.uk/beatles
Telephone: 0151 427 7231
(There is no direct access inside the house)

ARNOLD
GROVE
UNADOPTE
GLOUCESTER ROAD

CITY OF WESTMINSTER
This building
was the location of
The Flamingo Club
(1957-1967)
The home of Jazz &
Rhythm & Blues
Founded by
Jeffrey S Kruger MBE,
A pioneer in the British
Music Industry.
THE HERITAGE FOUNDATION

Frank Hessy Ltd
Hessys Music Centre
1959-1996
62 Stanley Street
Where the Beatles bought
their musical instruments

はじめに

「冥土の土産に連れて行ってほしい」

決め手となったのは、この一言だ。

「ビートルズ」が取り持つ大きな縁とでも言えばいいだろうか。2017年10月。個人的には9年ぶりとなるイギリス行きが決まるまでの「大きな縁」について、まず触れてみる。

2年前の2015年10月に、名古屋にある栄中日文化センターの方から電話をいただいた。2016年はビートルズ来日50周年ということで、中日新聞社が主催するカルチャースクールでビートルズをテーマにした講座をやりたいそうで、インターネットを見て講師を決め、CDジャーナルに連絡をして私の番号を聞いたという。「ビートルズの真実」というようなテーマで講座をお願いできないかとのことだった。

ここで話は、さらに35年ほど前に遡る。大学入学前の3月に東京・目黒の珈琲屋で時給530円のアルバイトをはじめ、約5年間、主に2階を任された。その時の経験が、思えばのちの編集業務にどれほど役に立ったことか。まず時間のやりくり。食事と珈琲のセット・メニューが30種類ぐらいあったので、ひとつのことをやりながら、空いた時間に次のことをやる「手際」を学べたこと。そして人と人との距離感。老若男女、ありとあらゆる人がお店にやって来る。人によって価値観が違うし、話題も違う。そうした中で、もともと「人」に興味があったので、人それぞれの「生き様」が垣間見えるのが興味深かった。

大学で授業を受けているよりも、そうした「生」の体験のほうが面白く刺激的だったので、大学にはろくに行かず、気づいたら普通の人より1年長く通うハメになった。とはいえ、文学部で国語の教員になる人が多い大学でもあったので、「モノは試しに」と、地元の卒業中学に教育実習に行った。

そして、教育実習に行って教壇に立った瞬間、「これはムリ！」と直感的に思ってしまったのだ。たぶん、珈琲屋での経験を経て「1対1」の関係が心地好かったのだと思う。生徒40人をグループとして見るのではなく、「1対1」の関係の40倍、と瞬時に考えてしまったのかもしれない。そんな中途半端な気持ちで教育実習の現場に2週間通ったのだから、生徒には「あいすません」とお詫びするしかない。実習内容をまとめる日誌も出さずじまいで、担当教員からは「そういう主義もあるかと思うけれど」と苦言を呈された。当たり前だ。

もうひとつ、「1対1」の関係が心地好いと思えたのは、小学2年の時から大学2年の頃まで剣道をやっていたからだとも思っている。剣道をやっていてよかったと思えることはたくさんある。自分の実力を試せること。相手との距離感がつかめること。文字通り、武道で心身鍛錬ができて平常心を保てるようになったこと。それに、立っている時だけは姿勢が良いことも加えておきたい。人との心地好い距離感は、竹刀の切っ先が触れ合う距離感に似ている。人と人との間合いは剣道から学んだのだと思う。

その半面、座っている姿勢が悪すぎて、長時間こうしてパソコンに向き合っていたりすると、腰が痛くなってくる。剣道は左足が要なので、もしかして左側に重心が傾き、左右の体のバランスが悪いのかもしれない。バイクやスキーをはじめ、左右のバランスを取って前に進むことが苦手、というかほとんどできないのはそのせいだろうか。前後に関しては申し分ないんだけれども。

スポーツや遊びにおいては、剣道以外にも、相撲やボーリングのような個人競技か、卓球や将棋のような対人競技が肌に合う。多くても4人（麻雀）までだろう（まったく関係ないけど、ビートルズも4人ですね）。

…名古屋でのビートルズ講座でも、こんなふうにいきなり話が横道にそれることが多いが、ここで講座の依頼があった話に戻る。

そんなわけで、教育実習での「2週間の出来事」が、無意識ながらも長い間トラウマになっていたのだろう。なぜかと言うと、名古屋での講座の依頼があった時に、「教壇に立って1人で喋るのは難しい」と瞬時に思ったからだ。

だが、よくよく聞いてみると、正面に立って喋るのではなくても大丈夫とのことで、それを聞いて安心した。それにテーマはビートルズであり、東京以外の場所にどんなビートルズ・ファンがいるのかにも興味があった。「来る人拒まず、去る人追わず」「周りの喜びが自分の喜びに」の精神でここまでやって来たし、実現するなら何より、と思ってもいた。

募集は40人予定で、最低20人で開催とのことだったが、有難いことに、上は80代から下は20代まで60人もの方が来てくださり、部屋も、中日ドラゴンズが選手の入団発表や契約更改などを行なっていた「クラブ東海」という最上階の部屋を使えることになった。

講座は全部で4回だったので、ビートルズの活動を時代ごとに4つに分けて、音と映像で紹介するという構成にした。

20人ぐらいが肌に合うと思ってはいたけれど、予想以上の方に来ていただいたので、開催するにあたって、「ビートルズ」のどのあたりに焦点を絞ればいいかちょっと悩んだ。通り一辺倒だったらマニアには物足り

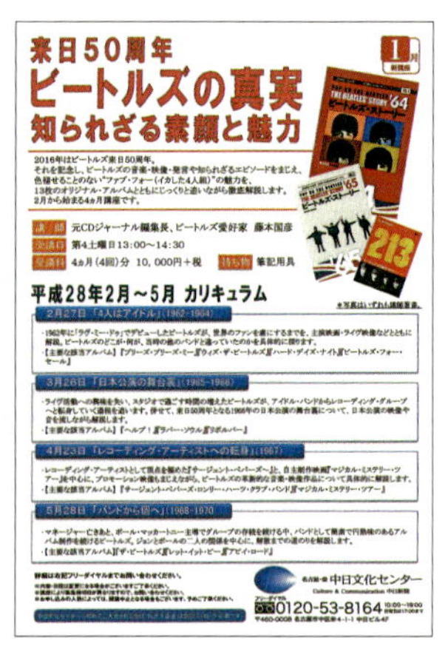

イギリス行きはここから始まった

ないだろうし、マニアックすぎたらこれから知ろうという方には深すぎる。こういう時は、自分ができる、自分も楽しめる最大限のことをまずはやってみる、と決めている。結果、最初の講座では、いきなり「ラヴ・ミー・ドゥ」の4ヴァージョン（スタジオ2テイク、BBCラジオ音源、リンゴのカヴァー）の聴き比べなども含めて、おのずとマニアックな内容になった。講座もまた「1対1」の関係でと思ってはいたけれど、意見や感想も随時聞きながら徐々に修正していければいいと、「レット・イット・ビー」の精神で考えることにした。

こうして2016年2月から5月までの第1期の講座が無事に終わり、第2期（2016年7月から2017年3月までの計9回）は年代ごとに紹介、第3期（2017年4月から9月までの計6回）はアルバムごとに紹介と、2期以降はほぼ40人の方と、むしろビートルズの現役時代の話を私が教えていただく形で月一度、名古屋に足を運ぶ機会に恵まれたのだった。

イギリス行きの話の前に、過去の名古屋行きと、好きな相撲の話にも、ここで少し触れてみる。

思えば、名古屋に行ったのは、87年7月以来約30年ぶりのことだった。最初は、私用で父の故郷・徳島に行き、その流れで高松から広島に向かい（広島市民球場で広島×巨人戦を観た）、岐阜在住の大学時代の友人宅を訪ね、さらに名古屋に、という3泊4日の旅だった。名古屋は暑さが厳しく、「みんな地下を歩いているなあ」と思いながらも地上を歩いていたら、背中がほとんどやけど状態になった。「セントラルパークなんてのもあるのか」と思ったりもしたが、真夏に歩いたぐらいの記憶しかなく、美味しいものも食べずに東京に戻った。

名古屋での最初の講座は5月で終了だったので、担当の方に、「相撲好きなので、この後7月にも講座ができたら名古屋場所が観られるからぜひお願いします」などと半ば冗談で話したりもしていたが、その甲斐あってか(?)、名古屋場所がある時は一泊して観戦する機会も得た。それもこれも「ビートルズ」によって繋がった縁というしかない。

2016年の名古屋場所は自力でチケットを取ったが、2階の、というよりも建物の一番後ろの席だった(チケットを見てみたら、東側イスA席15列7番目)。といっても、東京の両国国技館に比べると、愛知県体育館は楕円形で傾斜もそれほどないので、一番上でも、両国だと1階席の前の方で観るのと変わらない。愛知県体育館の中に入ったのはこの時が初めてだったが、80年1月25日と26日の2日間、幻に終わったウイングスの名古屋公演が、日本武道館での東京公演に続いてここで行なわれる予定だった。

ちなみに講座は土曜日なので、翌日の相撲は全15日間のうちの初日か中日(8日目)か千秋楽(15日目)にあたる。2016年は初めて千秋楽の取組が観られるという運の良さだったが、もうひとつ幸運な出来事があった。

ちょうど愛知県体育館に着く昼前の11時頃に、講座に来ている名古屋のPさんから連絡があった。「相撲を観るときのうの講座で聞いたので、私も初めての相撲を観に行きたいと思ってます」と。千秋楽もチケットはもちろん完売だったので、その日にすぐに取れるとは思わず、大丈夫かなと思っていたら、3時過ぎに「着きました！」とのメッセージが届いた。しかも席はかなり良さそうだ。どんな裏ワザを使ったのだろうか。相撲関係者が身内や知り合いにいるのだろうか。そんなふうに思っていたら、オークションで落札したとのこと。なるほど、そういう手があったか。あ、「自力で取った」と先ほど書いたが、私も同じ手を使っていたのだった。

しかもPさんから「隣が空いているのでよかったら」との申し出があった。こういう時は動きが早くなる。そそくさと向かった席は「桝席のA東7列8番」。前から数えたほうが圧倒的に早い席である。空いていると聞いて喜び勇んで行ったものの、実は4人の桝席に、オークションでバラバラに落札した人たちが集まっていて、私が入ったら5人になった。こういう時はそそくさと自分の席に戻るのが普通だが、相撲を観るのが初めてだというPさんから「お土産を買いに行くので、戻るまでどうぞ」と言われ、「レット・イット・ビー」な流れでそのまま結局最後まで、たまに5人になりながら相撲を近場で楽しんでしまった。

日馬富士が久しぶりに優勝した場所で、最後はさらに近場に移動して優勝インタビューを聞いたり、弟弟子の照ノ富士と一緒にオープンカーに乗ってパレードに出る場面まで間近で堪能したりと、Pさんのおかげでさらに楽しい名古屋場所になった。Pさんは2017年12月、長年の念願が叶い、ポールのシドニー公演でステージに呼ばれるという幸運も手にしている。千秋楽当日に桝席を手に入れた幸運も含めて、行動力の賜物だと思う。

ちなみに翌2017年の名古屋場所は、講座の担当の方にしっかりチケットをお願いし、「1人桝席」で初日を楽しんだ。初日を観たのは北の湖が新横綱で土俵に上がった74年秋場所以来だったが、今回も運良く、その後は休場続きとなった稀勢の里の横綱土俵入りが観られた。

「ビートルズと相撲とカレー好き」なもので、相撲の話がつい長くなりすぎた。

さて、イギリス行きまでの流れの続きだ。第2期の講座が開催されていた2016年の秋ぐらいからだっただろうか。講座が終わった後に、同じ中日ビルの2階の喫茶店で、ビートルズのよもやま話も含むいわば「懇親会」にも顔を出すようになった。最初は数人で始めたそうで、その輪が次第に広がっていった感じだ。

そうした中で、どうやらイギリス旅行の話が持ち上がったらしい。私が「旗振り役」となり、ゆかりの地を案内するツアーである。そのお茶会には毎回20人は顔を出していたが、そのほとんどが「イエス」という意思表示だった。最初は「実現できたらいい」という程度の構えでいたが、そんな折に飛び出したのが、ビートルズのリアルタイムを体験した愛知県の60代の女性Mさんによる冒頭の一言だった。

その時に、即座に思ったのはこんなことだった――ビートルズが好きでしょうがない人が、亡くなる時に「イギリスに行けば良かった」と思うか「イギリスに行って良かった」と思うかは大きな違いだ、と。

「これはぜひ、実現させたい！」

それからは毎月のお茶会で、ツアーの時期や期間や値段も含めて、なるべく多くの人が集まれるようにと意見を求めたりしながら調整を進めた。その一方で、栄中日文化センターの担当の方（最初に声をかけてくださった方は2016年4月から岐阜の中日文化センターのまとめ役として転勤していた）にもご相談し、中日文化センターの仕切りでできるかどうか打診もした。

名古屋の講座がきっかけとなったので、講座の方を最優先に、名古屋発でということをその時は考えていた。

「ビートルズゆかりの地ツアー」はこれまでにも数多く実施されているが、内容はさまざまだ。最初の講座時に悩んだのと同じように、ありきたりの場所だけでは物足りないし、マニアックすぎてもついていけない。とはいえ、名所をある程度まわり、自由時間を増やし、金額もかなり張るというツアーが実際にあったので、そうはしたくないと思っていた。できてから半世紀を超えるという中日文化センターには、大手旅行会社との付き合いも多い。だが、それだとお金もかかるし、マニアックな場所まではまわれないだろう。

そんなふうに考えていた時に、ふとひとつのアイデアが浮かんだ。井上ジェイさんにご相談してみようと。井上さんとはCDジャーナル編集部に在籍していた頃からの長いお付き合いで、『ビートルズUK盤コンプリート・ガイド』や『サージェント・ペパー50年』などの書籍でもご一緒している。勝手ながら最も信頼しているお一人でもある井上さんは、カメラマンでもあり、レコード店をやりながら旅行会社も運営しているのだ。もちろん、ビートルズ・ツアーの実績もあり、ロンドンとリヴァプールはお手の物、である。

こうした経緯もあり、中日文化センターの「研修企画」として10月15日〜22日の8日間のビートルズ・ツアーが、井上さんの「オアシス・オフィス」の斡旋で決まった。4月に大まかな案が出て、6月に打ち合わせをし、告知は7月で、募集締め切りは9月上旬——今思うとかなり綱渡りだったが、最終的には井上さんと私も含めて合計20人という募集予定の人数ぎりぎりだったため、中日文化センターの「研修企画」ではなく、「オアシス・オフィス」と私との共同企画での実施となった。

こうして実現した、名付けて「藤本国彦と行く ロンドン&リバプール・ビートルズゆかりの地めぐりの旅」。

行くのが10月15日になったのは、講座が毎月第2土曜日だったので、一泊して「名古屋からイギリスへ」というふうにしたからだ。海外旅行は、韓国への「社員旅行」も含めて、それまでにイギリス（88年7月）・アメリカ（89年11月～90年1月）・スウェーデン&フィンランド（90年8月）・韓国（98年11月）・アメリカ（2006年9月～10月）・イギリス（2008年5月～6月）と、改めて数えてみたら6回しかない（その後、2018年2月に台湾行きもあり）。

前回のイギリス行きについては、『ビートルズ・ストーリー』シリーズを一緒に編集している竹部吉晃さんから「リヴァプールでポールのコンサートがあるから行きませんか」と声をかけられたのがきっかけで、CDジャーナルで連載をお願いしている牧野良幸さんをお誘いして行ったのだった。その時の詳細、というか珍道中は、牧野さんの『僕のビートルズ音盤青春記 Part2 1976-2015』に詳しい。当時はCDジャーナルの編集部で仕事をしていたため、お盆の時期以外に1週間連続で休みを取ったことはなかったが、せっかく行くならと、牧野さんとのイギリス旅行の特集記事を組み、ウェブでもポールのライヴ・レポートをいち早く掲載することにした。

ポールのコンサートを観るのは89年のニューヨークのマディソン・スクエア・ガーデン（3回）、90年の東京ドーム（5回）、93年の東京ドーム（3回）、2002年の東京ドーム（3回）以来のことだったが、リヴァプールのアンフィールドでのコンサートは、その後の2度（2013年・17年）の武道館公演以上の――つまり過去最高のステージだった。

ついでながら、興奮冷めやらぬまま夜中にホテルに戻り、その勢いで書いたCDジャーナルのweb記事はこれ、である。

特別リポート：リヴァプール通信
ポール・マッカートニーがデイヴ・グロールと共演!!
リヴァプール凱旋コンサートをどこよりも早くリポート～全演奏曲リスト付き!!

2008/06/02掲載

ビートルズの故郷として知られるイギリスのリヴァプール市が今年、欧州文化首都に選ばれたのを受けて、1月のリンゴ・スターに続き、ポール・マッカートニーがリヴァプールのサッカー・チーム、リヴァプールFCの本拠地のアンフィールド・スタジアムで6月1日に、3万5,000人の前で記念イベント"The Liverpool Sound"コンサートを行なった。

コンサートは6時半にまずはズートンズ、続いてカイザー・チーフスが登場。そしてポールの曲をリミックスした『Twin Freaks』からの曲がBGMとして全世界から集まったファンの前で流れる中、9時過ぎにイギリスのコメディアンの紹介を受けてポール・マッカートニーが5年ぶりに生まれ故郷リヴァプールのステージに立った。バックはここ数年、ポールをサポートしているおなじみのメンバーが顔を揃えた。

最初に演奏されたのは、なんとライヴ初披露となる「ヒッピー・ヒッピー・シェイク」。ビートルズがBBCラジオに出演した際に演奏したこの超マニアックな曲でくるとはだれが想像しえただろうか。いきなりの先制パンチで早くもめまいが……。その後は最近のライヴで演奏している曲が続く。「ドライヴ・マイ・カー」や「ブラックバード」などのビートルズ・ナンバーが演奏され、前半で早くも会場は大合唱となる。

リヴァプールで凱旋コンサートを開いたポール（2008年6月1日）

その後「カリコ・スカイズ」を演奏した後のMCで、なんとポールはこう言ったのだ。「日本人はどれぐらいいるのかな？　コニチハ」。おおー。前のほうに日本の国旗を振っているファンがいるのを見たからだろうか。ブラジルの国旗を振っているファンだっているぞ。思わず「イエー！」と叫んだら、斜め前にいるたぶん地元のおじさんに睨まれてしまったが。ちなみに日本人は思ったほどは見かけることがなかった。

これまた初披露となる「イン・リヴァプール」という未発表曲の後、故郷といえば欠かせない2曲「エリナー・リグビー」と「ペニー・レイン」が演奏され、盛り上がりは最高潮となる。そしてここでもサプライズが！　ポールがスペシャル・ゲストを紹介。登場したのは、出るのではないかと噂になっていたフー・ファイターズのデイヴ・グロールだ。デイヴはまずはギターで「バンド・オン・ザ・ラン」、続いてドラムで「バック・イン・ザ・U.S.S.R.」に参加。こりゃ盛り上がるなというほうがおかしい。その後は「007／死ぬのは奴らだ」「レット・イット・ビー」「ヘイ・ジュード」の怒濤の3連発でいったん幕となる。

アンコールの声が会場全体に鳴り響く中、アコギ1本でポールは「イエスタデイ」をしっとりと歌う。そして、ああここでもまた超弩級の曲が登場する。90年のリヴァプール公演で「ストロベリー・フィールズ・フォーエヴァー」「ヘルプ！」「平和を我等に」のジョン・レノン・メドレーを初披露したポールのこと、今回も何かあるだろうとは思っていたが、演奏されたのは「ア・デイ・イン・ザ・ライフ」！！！続けてメドレーで「平和を我等に」へと突入したが、後半は頭の中が真っ白でよく覚えていません。もちろん「ア・デイ・イン・ザ・ライフ」のジョンのパートをポールが歌うのは初めてのことだが、その後の自分のパートの歌詞を間違えたのはご愛嬌か。興奮のるつぼと化したスタジアムに「レディ・マドンナ」の威勢の良いピアノが鳴り響き、再びデイヴ・グロールがドラムで参加した「アイ・ソー・ハー・スタンディング・ゼア」で、リヴァプールの記念イベント"The Liverpool Sound"ならびにポールの凱旋コンサートは終了した。

約2時間計26曲。前回の日本公演同様、いやそれ以上にはつらつとしたパフォーマンスをこうして見せつけられると、100歳を越えてもステージに立っているんじゃないかという気さえしてくる。もうすぐ66歳なんて、信じられるかい？

文／藤本国彦

★ポール・マッカートニー@リヴァプール・アンフィールド・スタジアム
(2008年6月1日)

《演奏曲》
1.The Hippy Hippy Shake
2.Jet
3.Drive My Car
4.Flaming Pie
5.Got To Get You Into My Life
6.Let Me Roll It
7.My Love
8.C.Moon
9.The Long And Winding Road
10.Dance Tonight
11.Blackbird
12.Calico Skies
13.In Liverpool
14.I'll Follow The Sun
15.Eleanor Rigby
16.Something
17.Penny Lane
18.Band On The Run (with Dave Grohl on guitar)
19.Back In The U.S.S.R. (with Dave Grohl on drums)
20.Live And Let Die
21.Let It Be
22.Hey Jude
encore:
23.Yesterday
24.A Day In The Life ～ Give Peace A Chance
25.Lady Madonna
26.I Saw Her Standing There (with Dave Grohl on drums)

《Tha Band》
Paul McCartney (1～5 bass/6 guitar/7～9 piano/10 mandolin/11～15 acoustic guitar/16 ukulele/17～19 bass/20～22 piano/23 acoustic guitar/24 bass/25 piano/26 bass)
Paul Wickens (Wix) (keyboards)
Rusty Anderson (guitar)
Brian Ray (guitar, bass)
Abe Laboriel Jr. (drums)

10年前でさえ、66歳のロッカーがいるなんて信じられなかったぐらいなのに、ポールが2018年のいまでも変わらず同じようなステージを続けているのは、もはや「驚異」という言葉でも足りないぐらいだ。

というわけで2008年以来9年ぶりとなるイギリス行き。昔と違ってクレジット・カードで支払いはすべてOKなどとガイドブックに書いてはあるけれど、ポンド紙幣はやはり必要だし、なんだかんだで準備にもそこそこ時間が取られる。「必需品」は人によってそれぞれだと思うが、パスポートとポンド紙幣のほかに、洋服や雨具などの日用必需品、海外使用を可能にする携帯電話、変圧器、それに珈琲とガム（発売されてからずっと愛用しているブラックブラック）あたりを準備した（カレーは断念）。ちょうど秋の花粉にやられてもいたので、ポケットティッシュも大量に持っていった（これはかなり役立った）。

出発前日の10月14日。いつものように「品川弁当」――毎月、名古屋に行く時に品川駅で必ず買う弁当――を食べながら、第4期の初っ端となったビートルズ講座のために、名古屋へと向かう。この日のテーマは、ビートルズの後期の始まりとなったアルバム『リボルバー』（66年）だった。ここ数日とは打って変わり、東京にロンドンがやって来たような涼しい気候になったが、「レイン」よろしく名古屋は雨だった。

講座終了後、名古屋セントレア空港近くのホテルの前で井上ジェイさんと待ち合わせをし、まずはビールで乾杯した。

いよいよ明日からロンドン&リヴァプールの旅が始まる。

10.15-17

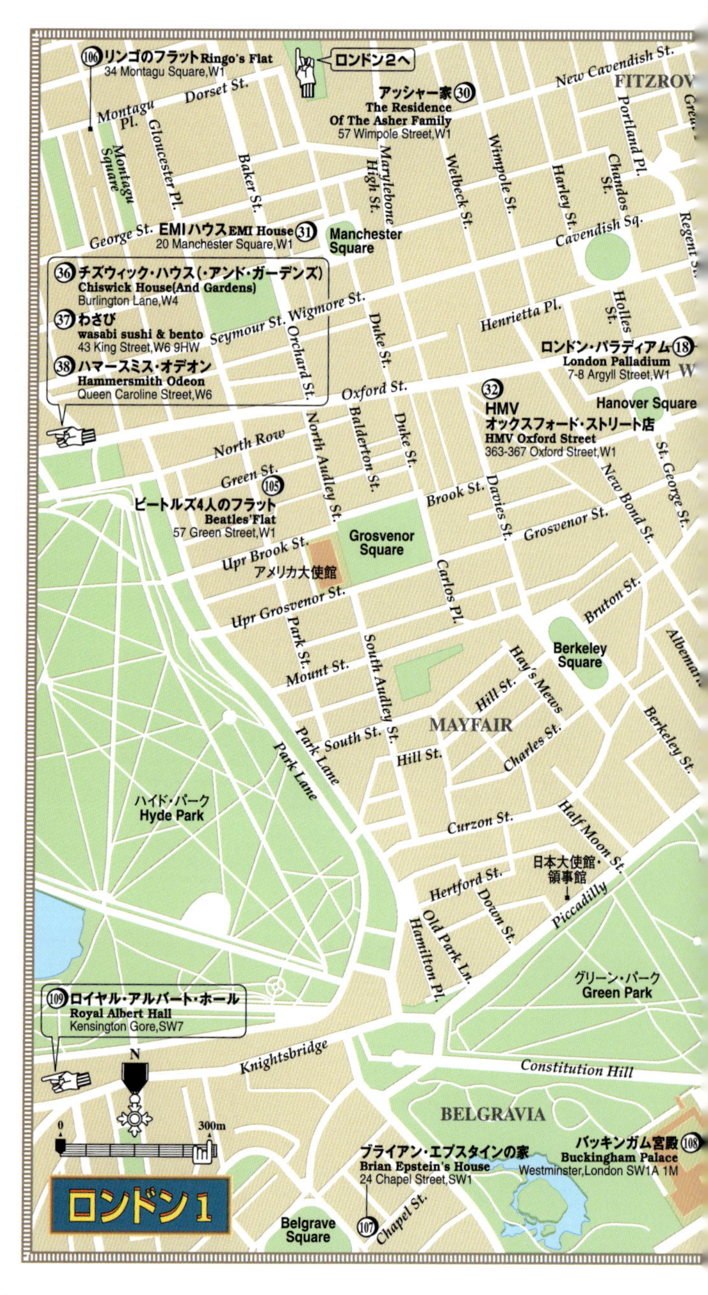
106 リンゴのフラット Ringo's Flat
34 Montagu Square,W1
ロンドン2へ
アッシャー家 30
The Residence
Of The Asher Family
57 Wimpole Street,W1
FITZROV
EMIハウス EMI House 31
20 Manchester Square,W1
Manchester Square
36 チズウィック・ハウス(・アンド・ガーデンズ)
Chiswick House(And Gardens)
Burlington Lane,W4
37 わさび
wasabi sushi & bento
43 King Street,W6 9HW
38 ハマースミス・オデオン
Hammersmith Odeon
Queen Caroline Street,W6
ロンドン・パラディアム 18
London Palladium
7-8 Argyll Street,W1
32
HMV
オックスフォード・ストリート店
HMV Oxford Street
363-367 Oxford Street,W1
Hanover Square
105
ビートルズ4人のフラット
Beatles'Flat
57 Green Street,W1
Grosvenor Square
アメリカ大使館
Berkeley Square
MAYFAIR
ハイド・パーク
Hyde Park
日本大使館・
領事館
グリーン・パーク
Green Park
109 ロイヤル・アルバート・ホール
Royal Albert Hall
Kensington Gore,SW7
N
0
300m
BELGRAVIA
ブライアン・エプスタインの家
Brian Epstein's House
24 Chapel Street,SW1
107
バッキンガム宮殿 108
Buckingham Palace
Westminster,London SW1A 1M
Belgrave Square
ロンドン1
New Cavendish St.
Dorset St.
Montagu Pl.
Montagu Square
Gloucester Pl.
Baker St.
Marylebone High St.
Welbeck St.
Wimpole St.
Harley St.
Chandos St.
Portland Pl.
Regent St.
George St.
Cavendish Sq.
Seymour St.
Wigmore St.
Orchard St.
Duke St.
Henrietta Pl.
Holles St.
Oxford St.
North Row
North Audley St.
Balderton St.
Green St.
Brook St.
Davies St.
New Bond St.
St. George St.
Grosvenor St.
Upr Brook St.
Upr Grosvenor St.
Carlos Pl.
Bruton St.
Park St.
South Audley St.
Mount St.
Hay's Mews
Hill St.
South St.
Park Lane
Charles St.
Berkeley St.
Curzon St.
Half Moon St.
Hertford St.
Down St.
Old Park Ln.
Hamilton Pl.
Piccadilly
Knightsbridge
Constitution Hill
Chapel St.

ネムズ・エンタープライズ(サザランド・ハウス)
NEMS Enterprises(Sutherland House)
5-6 Argyll Street,W1
17 プリティ・グリーン(カーナビー・ストリート店)
Pretty GreenCarnaby Street Store
57 Carnaby Street London,W1F 9QF
ブロードウィック・ストリートの公衆トイレ
The Toilets In Broadwick Street
Broadwick Street(At Hopkins Street),W1
12 MPL(マッカートニー・プロダクションズ・リミテッド)
MPL(McCartney Productions Ltd)
1 Soho Square
ラダ・クリシュナ・テンプル/ゴヴィンダズ・ピュア・ベジタリアン・レストラン
Radha Krishna Temple/Govinda's Pure Vegetarian Restaurant
10 Soho St,London,Greater London W1D 3DL
13 —Soho St.
大英博物館
The British Museum
Bloomsbury St.
Great Russell St.
Bloomsbury Way
Berners St.
Eastcastle St.
Great Titchfield St.
Oxford St.
SOHO
Soho Square
Charing Cross Rd.
14 ディック・ジェイムズ・ミュージック
(シャルドン・マンションズ)
Dick James Music(Shaldon Mansions)
132 Charing Cross Road,WC2
11 トライデント・スタジオ
Trident Studios
17 St Annes Court,W1
St. Annes Court
カーナビー・ストリート
Carnaby Street
16
15
Broadwick St.
Shaftesbury Ave.
Neal St.
Shelton St.
Long Acre
10 レイモンド・レヴューバー
Raymond Revuebar
11 Walker's Court(At Berwick Street),W1
—Walker's Court
Kingly St.
20
Beak St.
Regent St.
Floral St.
9 フラミンゴ・クラブFlamingo Club
33-37 Wardour Street,W1
バッグ・オネイルズBag O'Nails
9 Kingly Street,W1
デゾ・ホフマンの写真スタジオ 8
Dezo Hoffmann's Photographic Studio
29 Wardour Street,W1
Wardour St.
7 エンパイア・シアター
(エンパイア・ボールルーム)
Empire Theatre(Empire Ballroom)
5-6 Leicester Square,WC2
Leicester Square
21
Savile
ピカデリー・サーカス
Piccadilly Circus 3
5 Coventry St.
6 プリンス・オブ・ウェールズ・シアター
Prince Of Wales Theatre
31 Coventry Street(at Oxendon St.),W1
Strand
アップル・ビル
"Apple Corps"Offices
3 Savile Row,W1
ロンドン・パヴィリオン
London Pavilion
3 Piccadilly,W1
42 ザ・シャーロック・ホームズ
The Sherlock Holmes
10-11 Northumberland Street,WC2
ST. JAMES'S
Regent St.
4 BBC パリス・スタジオ
BBC Paris Studio
12 Regent Street,W1
39
Masons Yard
トラファルガー広場
Trafalgar Sq.
チャリング・クロス駅
Charing Cross Station
2 スコッチ・オブ・セント・ジェイムズ
Scotch Of St James
13 Masons Yard(off Duke St),SW1
Northumberland St.—
Northumberland Ave.
St. James Square
St. James's St.
1 インディカ・ギャラリー Indica Books & Gallery
6 Masons Yard(off Duke St.),SW1
フォートナム&メイソン Fortnum & Mason
181 Piccadilly, London,W1A 1ER
プレイハウス・シアター 41
Playhouse Theatre
Northumberland Avenue,WC2
Horse Guards Rd.
Whitehall
Victoria Embankment
The Mall
国防相
首相官邸
外務省
セント・ジェイムス・パーク
St. James's Park
King Charles St.
政府庁舎省
テムズ川
River Thames
Spur Rd.
Great George St.
Bridge St.
Birdcage Walk
Westminster Bridge
ビッグ・ベンBig Ben 40
Bridge St,Westminster,SW1A 2PW
© 2018 Yoshiaki Tsujino

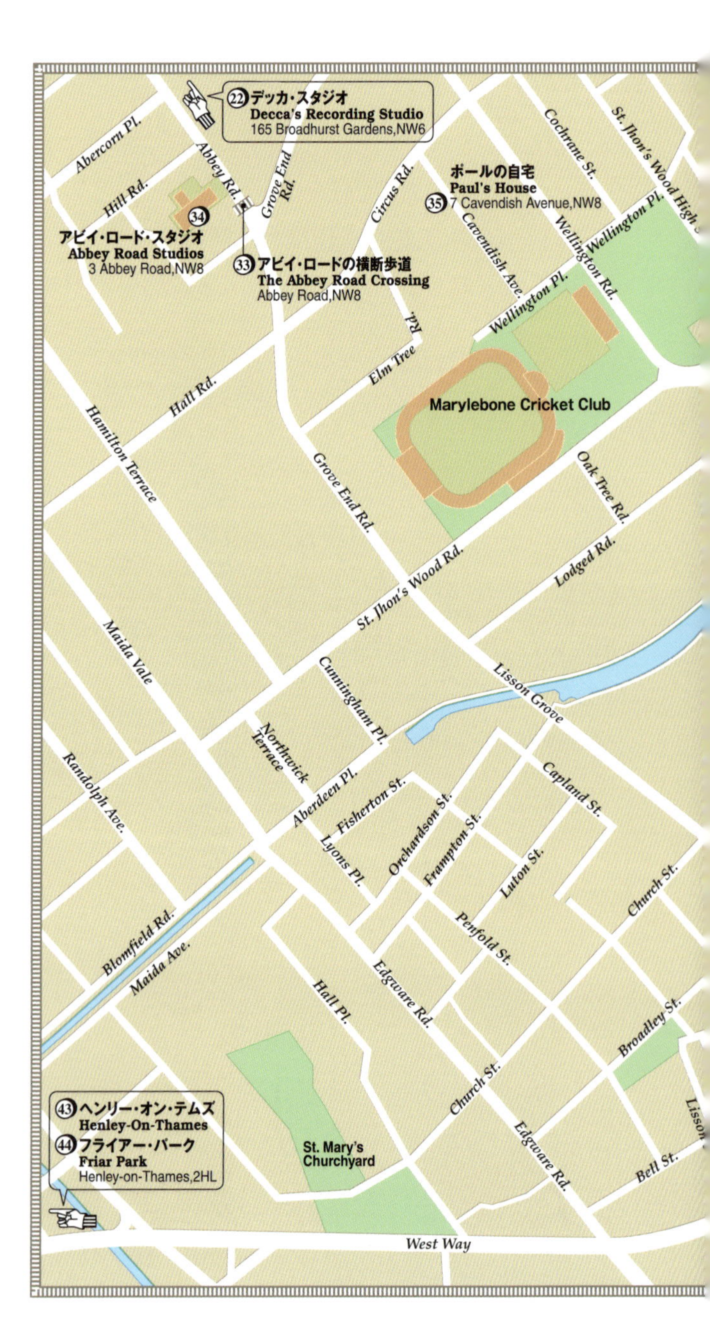

22 デッカ・スタジオ
Decca's Recording Studio
165 Broadhurst Gardens,NW6
34 アビイ・ロード・スタジオ
Abbey Road Studios
3 Abbey Road,NW8
33 アビイ・ロードの横断歩道
The Abbey Road Crossing
Abbey Road,NW8
35 ポールの自宅
Paul's House
7 Cavendish Avenue,NW8
Marylebone Cricket Club
43 ヘンリー・オン・テムズ
Henley-On-Thames
44 フライアー・パーク
Friar Park
Henley-on-Thames,2HL
St. Mary's Churchyard
Abercorn Pl.
Hill Rd.
Abbey Rd.
Grove End Rd.
Circus Rd.
Cochrane St.
St. Jhon's Wood High
Cavendish Ave.
Wellington Rd.
Wellington Pl.
Elm Tree Rd.
Hall Rd.
Hamilton Terrace
Oak Tree Rd.
St. Jhon's Wood Rd.
Lodged Rd.
Maida Vale
Lisson Grove
Cunningham Pl.
Northwick Terrace
Randolph Ave.
Aberdeen Pl.
Fisherton St.
Capland St.
Lyons Pl.
Orchardson St.
Frampton St.
Luton St.
Church St.
Penfold St.
Blomfield Rd.
Maida Ave.
Edgware Rd.
Hall Pl.
Broadley St.
Lisson
Bell St.
West Way

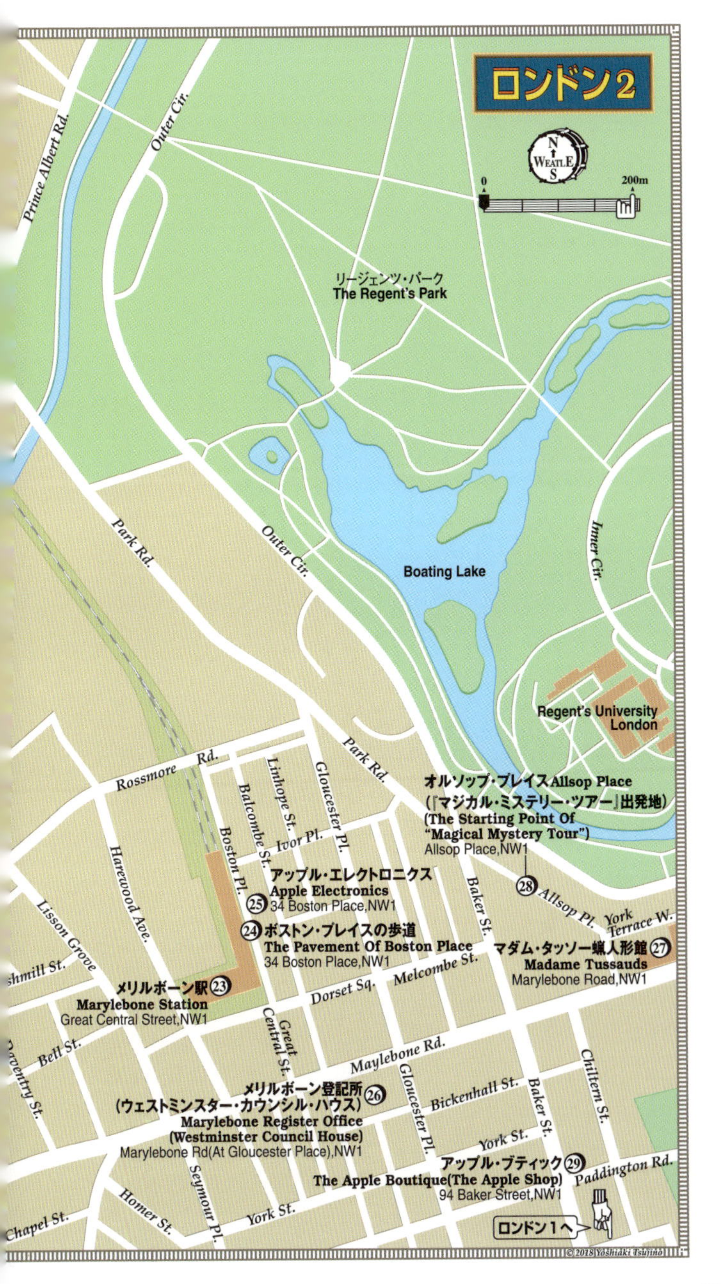
ロンドン2
N
W
E
S
0
200m
リージェンツ・パーク
The Regent's Park
Boating Lake
Regent's University London
Prince Albert Rd.
Outer Cir.
Park Rd.
Inner Cir.
Rossmore Rd.
Linhope St.
Gloucester Pl.
Balcombe St.
Ivor Pl.
Boston Pl.
Harewood Ave.
Lisson Grove
Baker St.
Allsop Pl.
York Terrace W.
Melcombe St.
Dorset Sq.
Great Central St.
Bell St.
Daventry St.
Maylebone Rd.
Bickenhall St.
Chiltern St.
York St.
Paddington Rd.
Homer St.
Seymour Pl.
Chapel St.
オルソップ・プレイス Allsop Place
(『マジカル・ミステリー・ツアー』出発地)
(The Starting Point Of "Magical Mystery Tour")
Allsop Place,NW1
28
アップル・エレクトロニクス
Apple Electronics
25 34 Boston Place,NW1
24 ボストン・プレイスの歩道
The Pavement Of Boston Place
34 Boston Place,NW1
マダム・タッソー蝋人形館 27
Madame Tussauds
Marylebone Road,NW1
メリルボーン駅 23
Marylebone Station
Great Central Street,NW1
メリルボーン登記所 26
(ウェストミンスター・カウンシル・ハウス)
Marylebone Register Office
(Westminster Council House)
Marylebone Rd(At Gloucester Place),NW1
アップル・ブティック 29
The Apple Boutique(The Apple Shop)
94 Baker Street,NW1
ロンドン1へ
©2018 Yoshiaki Tsujino

・10月15日 【名古屋／ヘルシンキ／ロンドン】

今回のツアーは合計8日間だが、最終日は午前中に名古屋着となるため、前後計3日はほぼ行き帰りの時間に費やされる。正味は5日。ロンドンとリヴァプールがまるまる2日楽しめるのに加えて、ロンドンからリヴァプールへは、貸切バスでジョージ・ハリスンの豪邸「フライアー・パーク」経由で向かう。これが、他の同趣旨のツアーにはない目玉でもある。年配の方が多いので、なるべく歩く距離を減らそうという井上さんの配慮だったが、ふたを開けてみたら、特に2日目はめまぐるしく動きまわる"「ハード・デイズ」な日"となった。

15日の早朝に、まずは名古屋セントレア空港に集合。講座の参加者はもちろん顔馴染みだが、そうじゃない方も多い。

「ビートルズ・ツアーに参加される方ですか？」

最初にそう声をかけてきた初対面の女性は、今回のツアーでは最も「北」となる埼玉からきたSさんだった。ほかに関東近県は、本書の写真や「ゆかりの地」の解説でも多大なご協力をいただいた千葉のKさんと、静岡の男性のSさんと女性のSさんだけだった。やはり名古屋の方が多く、他に愛知県以外は岐阜のSさん、神戸のOさん、大阪のMさん、山口のWさんだけだった。関西（神戸と大阪）のおふたりはジョージの「フライアー・パーク」行きが決め手になったそうで、「最年長だと思って来たら自分たちが最年少だった」と驚いていた。総勢20名の内訳は、講座参加者が11名と多く、井上さんと私も含めて60代13名・50代5名・40代2名、男女比は男性11名・女性9名だった。

顔を合わせてみたら、ビートルズのトリビュート・バンドのライヴやイベントなどでたまたま知り合ったことのあった人も多く、ここでもまた「ビートルズの縁」を感じた。

20人の団体行動ともなると、名古屋ならまだしも、イギリスでは「迷子」になったら大変だ。その場合はホテルに連絡を、というふうにしたが、行ってみないと何が起こるかわからない。名古屋のOさんのように旅慣れている方もいれば、海外旅行が初めてという方もいる。英語が得意じゃないから団体で、という方ももちろんいる。

名古屋から出発する際、まだ全員が揃う前に搭乗口に先に入ってしまう人も出てくるなど、いきなり予測不可能な事態も起こるが、それもまた旅の楽しみである。名古屋発ということで、フィンランド航空にはロンドンへの直行便がないため、ヘルシンキ経由となる。

午前10時半。16番搭乗口からフィンエア「AY80」でまずはヘルシンキへ。

日本とロンドンの時差は、この時期は8時間で、ヘルシンキとは6時間である。約10時間ほど乗り、ヘルシンキには現地時間の14時半に着いた。

井上さんはサッカー好きで、自らシニアの練習試合にもミュージシャンの鈴木慶一さんなどとも定期的に参加しているので、機内では、サッカーや相撲や野球の話もまじえながら井上さんとあれこれ、主にスポーツの話をしながら楽しく過ごす。

その後、1時間ほどヘルシンキの空港内をぶらぶらし、3時間ぐ

上／名古屋からヘルシンキへ
下／ロンドンに無事到着し、貸切バスを待つ

ロンドンのミレニアム・ホテルに到着

らいでロンドンに着いた。ヘルシンキ経由の「繋ぎ」を含めて合計14時間半の長旅だったが、まったく疲れ知らずである。当たり前か。ワクワク感しかない。

空港近くのバスターミナルの待合室で、貸切バスの到着を待つ。一堂に会した顔ぶれをつらつら眺めていて、まずは無事にロンドンに着けてホッとする。スポーツに限らず、もともと団体行動はあまり得意ではなく（そう見えないと言われることもあるが）、1人であちこち思いつくままにぶらつくのが性に合っているが、今回は何と言っても「冥土の土産ツアー」である。心して楽しまなきゃ——と思っているうちにバスが18時半には到着し、ホテルへと向かう。ロンドンの変わらぬ町並みをバスの窓越しに眺めていると、日本で最も好きな神保町よりもさらに好きかもしれない、とふと思う。

今回のツアーは、飛行機もホテルももちろんすべて「オアシス・オフィス」の斡旋によるもので、ゆかりの地についても、ツアー慣れしている井上さんにほぼ全面的にお任せした。当然、どこをどうまわると最も効率的かとか、どことどこは絶対に外せないとか、井上さんは熟知している。私は旗振り役ではあったものの、むしろ一緒に楽しませていただこうという気分で臨んだのだった。

そしてバスに1時間ほど揺られているうちに、19時半前にミレニアム・ホテル（正式名称はミレニアム・グロスター・ホテル）に到着した。明るく開放的な大型ホテルだった。まずは長旅の疲れを癒しつつビールで乾杯、である。といっても、着いたばかりだったので、小銭を持っている人はほとんどいない。日本での両替は紙幣のみだからだ。ひとりずつホテル内のパブのカウンターで飲み物を注文していくが、当然小銭が切れ、その対応にちょっと手間取る。

ご存知のように、イギリスの通貨はポンド（£）。偽造防止のために10月から一部の硬貨が新しくなったと、ホテルに向かうバスの中でガイドの女性が教えてくれる。紙幣はまだしも、硬貨は種類が多い（1ペニー・2ペンス・5ペンス・10ペンス・20ペンス・50ペンス・1ポンド・2ポンドの8種類）ので、慣れていないと見分けるのがたいへんだ。

なんとか全員に飲み物がいきわたり、1人ずつ、簡単な自己紹介をする。ビートルズがとりもつ縁を強く感じた瞬間だった。

酔いがちょっとまわったところで各自部屋へと向かったが、その後ちょっとした事件が起きた。これはほとんど井上さんしか知らない話だが、部屋に戻って、長年愛用しているバッグをホテルのパブに置き忘れたことに気づいたのだ。初っ端から何たる失態！　慌てて戻るとバッグがない。中には、パスポートも、日本で両替した紙幣もすべて入ったままだ。

そうしたら、カウンター内にいるパブの店員が「こっちに来い」と手招きしている。幸いほかに旅行客がほとんどいなかったせいか、バッグに気づいた別の店員が預かってくれたようだ。御礼を言い部屋に戻り、再度バッグを開けてみると、パスポートも紙幣も、もともと入れてあった場所から出されている。念のため紙幣も数えてみたら…10ポンド減っていた（笑）。チップ代わりで済んで良かったと、ここは素直に感謝すべきだろう。

別のビートルズ・ツアーに行ったファンが初日にお金を全額盗まれ、「楽しくない旅」に終わったという話を聞いたことがあるし、井上さんも、以前のツアーの際にパスポートを紛失した人がいて、再発行する場所に二度足を運ばなければならなくてたいへんだったと言っていた。そんな話を耳にするにつけ、運の良さに感謝せねば、と思ったものだ。

さて、ロンドンに来たらパブである。夜は、参加希望者のみロビーに集合し、10人ほどで「パブ探しの旅」へ。日曜の夜だったせいか、どこも混んでいて入れなかったため、ミレニアム・ホテルから数分ほどの場所にある別のホテルのパブで軽く一杯。明日から始まる本格的な「ロンドンゆかりの地ツアー」に備え、まずは景気づけ、である。

・10月16日 【ロンドン】

ロンドン2日目。いよいよ本格的なビートルズ・ツアーの始まりである。

イギリスの良いところは、古い建物や街並みにほとんど変化がないことだ。だから、中身（経営者）は変わっても建物自体はそのまま、ということが実に多い。そして、あまりの多さに驚いてしまうほど、そこかしこにビートルズゆかりの地が点在しているのだ。

2日目にしてロンドンのハイライトとなる名所探訪。まずはそんな"「ハード・デイズ・ナイト」な日"に備え、滅多に食べない朝食は、もちろんイングリッシュ・ブレックファースト。スクランブルドエッグ、ストロベリージャム、ハチミツ、アップルジュース、イングリッシュティー、そして一齧りのパン。もちろんそれぞれビートルズにちなんで選んだものだ。説明するのは野暮だと知りながらも――頭から「イエスタデイ」「ストロベリー・フィールズ・フォーエバー」「ハニー・パイ」「アップル」「イングリッシュ・ティー」のイメージだ。「で？」というところだけれど、「ビートル頭」はまあそ

上／ビートルズにちなんだ朝食（？）
下／"ハード・デイズ・ナイトな日"の始まり

んなもんです。

朝の9時半に、ホテルの広大なロビーに集合。肌寒い陽気かと思ったが、むしろ東京よりも暖かい気候で、動くのにはちょうど良さそうだ。

具体的にどのようにまわるのか。それも楽しみに、まずは各自「オイスターカード」を手に地下鉄へと向かう。88年に最初にロンドンに来た時は、長方形の大きめの切符をそのつど買って、いちいち改札を通っていたが、日本と同じくメトロカードができて楽になった。とはいえ、改札の作りが古いのがタマにキズで、一度押しても反応しない時がある。もう一度押すと2回分とみなされ、知らぬ間にチャージ金額が減っていたりするから、そこはちょっと厄介だ。実際に名古屋のIさんはその目に遭った。

ミレニアム・ホテルの最寄り駅は、グロスター・ロード（Gloucester Road）。ロンドン中心部のやや西寄りだが、地下鉄が発達していることもあり、どこに行くにも便利な場所だ。

まずグロスター・ロード駅から地下鉄に乗ろうとしたら、その前に、粋なお出迎えがあった。ちょうどニュー・アルバム『In///Parallel』が発売されるジョージの息子ダニー・ハリスンの広告が、「ここでしょ！」という場所で待ち構えてくれていたのだ。気分はさらに「ハイ・ハイ・ハイ」である。構内へと向かう長いエスカレーターもたまらない。もちろん頭に思い浮かぶのは、ポールの「プレス」のプロモーション・ヴィデオである。

ダニーがお出迎え

「プレス」を思い浮かべながら…

「プレス」のPVは、数十年ぶりに地下鉄に乗ったポールのぎこちない（？）様子をとらえた映像がファンにはたまらないものだった。「プレス」ごっこも今回のツアーの目的のひとつに入れてあったが、ポールがどのあたりをまわっていたのか、まったく思い出せない。映像を観ればすぐにわかることだが、まあいいか、と思っていた。結局、探さずそのままになってしまった。ポールの「地下鉄の旅」を後で調べたら、サウス・ケンジントンから乗り、ボンド・ストリート駅、ピカデリー・サーカス駅へと向かうのが確認できた。サウス・ケンジントン駅ってグロスター・ロード駅の隣じゃないか。ああ…。

朝の通勤時間なので、地下鉄はそこそこ混んでいる。そうした中で、ピカデリー・サーカス周辺をまずは攻めるようだ。

グリーン・パーク駅で降りて、しばらく歩く。最初に向かったのは、インディカ・ギャラリー[1]である。ビートルズゆかりの地めぐりなのに、最初に足を運んだのがジョンとヨーコの出会いの場所とは、いきなり通好みな動きだ。楽しみは後に

最初に向かったインディカ・ギャラリーにて
（提供：杉本純子氏）

1 インディカ・ギャラリー
Indica Books & Gallery
6 Masons Yard (off Duke St.) ,SW1

ロンドンのメイソンズ・ヤード6番地にあったギャラリー。正式名は「インディカ・ブックス&ギャラリー」。「MAD」名義で共同事業を行なっていたバリー・マイルズ、ピーター・アッシャー、ジョン・ダンバーが共同出資し、66年3月31日に開店(「インディカ・ギャラリー」を1階、「インディカ・ブックス」を2階に設置)。

開店にあたり、ポールは準備を手伝い、5000ポンドの資金援助も行なった。開店翌日にジョンとポールは店を訪れ、そこでジョンが手にしたティモシー・リアリーの著書『チベットの死者の書』の一節を「トゥモロー・ネバー・ノウズ」に流用。さらにジョン・ダンバーを介して、このギャラリーで同年11月9日にジョン・レノンとオノ・ヨーコが初めて出会うという、ビートルズとはゆかりの深い重要な場所である。

取っておく——なんて言ったらバチがあたりそうだが、個人的にも初めて行く場所である。

ジョンよりも一足早く、ロンドンのジェーン・アッシャー家に「居候」していたポールが65年から66年にかけて足繁く訪れた場所だ。なるほど、ロンドンの中心街が60年代はいかに華やかだったか、ピカデリー・サーカスから歩いてきて、その雰囲気を感じ取ることができた。

ガイド役は本来は私の役目だが、百戦錬磨の井上さんが実に詳しい。おかげで私は旗振り役というよりは、同行した皆さんと一緒に写真に写る役割が中心となり、楽しくというよりも楽をさせてもらった。

インディカ・ギャラリーのすぐ並びに、「おまけ」というには重要な、しかしほとんど知られていない場所もあった。「13」と書かれた建物は**スコッチ・オブ・セント・ジェイムズ**〔2〕——ポールが66年2月にスティーヴィー・ワンダーの演奏を初めて聴いた場所である。2人が「エボニー・アンド・アイボリー」で共演する16年も前の話だ。

BBCパリス・スタジオがあった場所の前で最初の「ビートルズごっこ」（提供：杉本純子氏〈一番上〉／澤野晴彦氏〈一番下〉）

それにしても、こんなちょっとした一角に、そんなに重要な場所があるとは…。初っ端から、これは刺激的な旅になると直感した。

続いてピカデリー・サーカス［3］へ。ここにはビートルズゆかりの「公の場所」がたんまりある。でかい看板が、9年前に来た時とは異なり、テレビの液晶画面のようになっていたのは残念だったが、華やかな街の様子にまったく変わりはない。

トラファルガー広場の方へと向かうと、まず出てきたのは、BBCパリス・スタジオ［4］があった場所である。『ザ・ビートルズ・ライヴ!! アット・ザ・BBC』のジャケットでも知られる場所なので、4人セットで「ビートル

★アルバム『ザ・ビートルズ・ライヴ!! アット・ザ・BBC』
The Beatles『Live At The BBC』

60年代前半のビートルズのライヴがいかに凄かったか。それが如実にわかる編集盤。63年3月から65年6月まで計52回出演したBBCラジオ音源全92曲270以上のテイクからジョージ・マーティンが選曲した56曲が収録されており、オフィシャルの「213曲」以外も多数聴ける。94年11月30日に発売され、英米1位を記録。『アンソロジー 1』発売直前の95年10月に生産中止になったのち、続編『オン・エア〜ライヴ・アット・ザ・BBC Vol.2』の発売時（2013年）に再発売された。

2 スコッチ・オブ・セント・ジェイムズ

Scotch Of St James
13 Masons Yard (off Duke St) ,SW1

インディカ・ギャラリーの数軒先（メイソンズ・ヤード13番地）にある、生演奏が聴ける高級ナイト・クラブ。65年7月14日に正式営業開始。有名人御用達の店で、オープニング・セレモニーには、ビートルズ、ローリング・ストーンズ、ザ・フー、キンクス、アニマルズ、ホリーズのメンバーなどが顔を揃えた。その後、エリック・クラプトンやジミ・ヘンドリックス（ロンドンでの初演奏）なども出演している。ビートルズには専用テーブルがあり、ここに座っていた客は、彼らが来店した際には即座に席を明け渡さなくてはならなかったという。66年2月3日、ポールはここでスティーヴィー・ワンダーの生演奏を初体験した。

3 ピカデリー・サーカス

Piccadilly Circus

ピカデリー・サーカスはロンドンのウェストミンスター区、ウェスト・エンドにある広場の名称で、「英国版タイムズ・スクエア」と呼ばれることも多い交通要地である。1819年に建設。リージェント・ストリート、シャフツベリー・アヴェニュー、ピカデリー、ヘイマーケットの合流地点となっており、1906年には広場の真下に地下鉄が通り、ピカデリー・サーカス駅も開業した。「エロスの像」で知られる噴水は待ち合わせ場所の定番で、広場周辺は観光客や買い物客、バスやタクシー、自動車で常に混雑している。主要な小売店や劇場をはじめとするエンターテインメント施設のほか、広場の周りにはロンドン・パヴィリオンやクライテリオン・シアターといった歴史的な建造物も多い。

4 BBC パリス・スタジオ

BBC Paris Studio
12 Regent Street,W1

ピカデリー・サーカスの南東、リージェント・ストリート12番地にあったBBCのラジオ・スタジオ。もともとは映画館だった建物で、95年にBBCが賃貸契約を解除し、現在はスポーツ・クラブになっている。63年4月4日にデゾ・ホフマンによってスタジオ前で撮影された「歩く4人の写真」は、94年のアルバム『ライヴ!! アット・ザ・BBC』のジャケット写真になり、ケヴィン・ニールによって撮影された8ミリ・フィルムは、95年のシングル「ベイビー・イッツ・ユー」のプロモーション・ヴィデオに使われた。

ズごっこ」を早速開始。大通りのわりには幸い人が少なく、良い写真がすんなり撮れた。

またピカデリー・サーカスに引き返し、エロスの像で有名な噴水広場ごしに右手の古い建物にふと目をやると、いきなり見覚えのある場所が眼前に現れた。ロンドン・パヴィリオン[5]である。ビートルズの主演映画のプレミアが行なわれた、ファンには馴染み深い場所だ。ビートルズを一目見ようと押し寄せたファンでごった返した写真を見た人も多いことだろう。ピカデリー・サーカスと言えば、まずはロンドン・パヴィリオン——それがビートルズ・ファンの合言葉だ(いま思いついたものだが)。

広場からロンドン・パヴィリオンを左手に見てさらに道を進むと、角に佇む建物が見えてくる。ジョンの「宝石ジャラジャラ発言」で有名なプリンス・オブ・ウェールズ・シアター[6]である。その先にあるエンパイア・シアター(エンパイア・ボールルーム)[7]も見逃せない。ビートルズ時代にもゆかりのある場所だが、むしろポール(ウイングス)・ファンは行かねばなるまい。71年11月8日に、ポールがリンダとデニー・レインとともにウイングス結

5　ロンドン・パヴィリオン
London Pavilion
3 Piccadilly,W1

ロンドン繁華街の中心、ピカデリー・サーカスに1859年に建設された音楽ホール。1885年には現在の建物に建て替えられ、1934年以降は映画館となった。ビートルズの主演映画4本のワールド・プレミアはすべてこの劇場で行なわれた。『ハード・デイズ・ナイト』(64年7月6日)、『ヘルプ!』(65年7月29日)、『イエロー・サブマリン』(68年7月17日)のプレミアにはメンバー全員が出席し、彼らを一目見ようと集まった数千人にも及ぶファンによって劇場周辺は大混乱となった。その他、リチャード・レスター監督の『ナック』(65年6月2日)、『ジョン・レノンの僕の戦争』(67年10月18日)のワールド・プレミアにもメンバーは出席。しかし最後の主演映画『レット・イット・ビー』(70年5月20日)には、誰一人姿を現さなかった。80年代以降はアミューズメント施設として使用されている。

成の「お披露目パーティー」を開催した場所だからだ。

ピカデリー・サーカス周辺のゆかりの地を堪能した後は、同じくロンドン中心部のソーホー地区へ。この周辺には、さらにマニアが喜ぶ場所があちこちにあるのだ。

まずは、デビュー時にビートルズのオフィシャル・カメラマンとして活躍したデゾ・ホフマンの写真スタジオ［8］のあった場所へと向かう。写真スタジオは3階にあった

6 プリンス・オブ・ウェールズ・シアター

Prince Of Wales Theatre
31 Coventry Street (at Oxendon St.) ,W1

ロイヤル・ファミリーを前に、ジョンの「宝石ジャラジャラ発言」が飛び出した場所。ピカデリー・サーカスの東側、コヴェントリー・ストリート31番地に1884年開業。英国王室主催の「ロイヤル・ヴァラエティ・パフォーマンス」は、1912年から続いているチャリティ・イベントで、ビートルズが招待されたのは63年11月4日。ポップ・グループの出演は当時としては前代未聞の出来事だった。ビートルズは全4曲を演奏し、最後の曲「ツイスト・アンド・シャウト」の直前にジョンが「安い席のお客様は拍手を、残りの方は宝石をジャラジャラ鳴らしてください」と発言。これはアドリブではなく、事前に練られたコメントだったが、ビートルズの「物怖じしない」「軽妙洒脱な」イメージを後世まで決定づける歴史的な一言となった。

7 エンパイア・シアター（エンパイア・ボールルーム）

Empire Theatre (Empire Ballroom)
5-6 Leicester Square,WC2

プリンス・オブ・ウェールズ・シアターから約150メートル北東に位置する、レスター・スクエア5-6番地にある劇場。1884年建設。バレエなどの上演を経て、1920年代には映画館として再建。60年代にはボールルームも建設された(2007年以降、カジノを併設して営業中)。64年3月23日の夕方、ビートルズはブライアン・エプスタインとともにここを訪れ、エジンバラ公から2つのカール・アラン賞(ダンスや演劇産業に貢献した人に贈られる賞)を授与された。7年後の71年11月8日にはポールとリンダによる「ウイングスお披露目パーティー」が開催された。さらに13年後の84年11月29日には、再びポールが映画『ヤァ！ブロード・ストリート』のロンドン・プレミアをここで開催している。

そうだが、建物自体はロンドンのどこにでもあるような何の変哲もない見映えなので、特に目を見張るような印象はない。むしろその建物の横の路地こそ重要だ。

撮影は63年7月2日というから、シングル「シー・ラヴズ・ユー」のレコーディング翌日に、4人は「ルパート・コート」と呼ばれるその路地でフォト・セッションを行なったのだ。BBCスタジオ前の写真と同じく、『アビイ・ロード』の正面向き版とも言える（言えないか 笑）4

8 デゾ・ホフマンの写真スタジオ

Dezo Hoffmann's Photographic Studio
29 Wardour Street,W1

第二次世界大戦中にイギリスに渡り、55年にレコード・ミラー・マガジンと契約したチェコスロバキア生まれのカメラマン、デゾ・ホフマン（1912-86）が、60年にロンドン中心部のソーホー地区（ウォーダー・ストリート29番地）にあるビルの3階に開設した写真スタジオ（1階は当時も今もピザ屋）。彼が亡くなる86年まで使われ続けた。62年には、まだ無名だったビートルズをリヴァプールで初めて撮影。メンバーとの信頼関係を築いたデゾは、翌63年4月から7月の間に、自身のスタジオで4回にわたって彼らを撮影している。7月2日には、スタジオがあるソーホー地区にて終日フォト・セッションを行ない、ホテル・プレジデント、ラッセル・スクエア、ルパート・ストリートの青果市、そしてスタジオの横の路地「ルパート・コート」などをまわり、若さあふれるビートルズの写真を多数撮影した。

デゾ・ホフマンの写真スタジオがあった場所の脇道で、「4人で歩くビートルズごっこ」パート2（提供：澤野晴彦氏〈左〉）

人が並んで歩く写真は、BBCセッションを収めた海賊盤などにも使われた。車も人も来る心配がないので、「4人で歩くビートルズごっこ」には最適の穴場だろう。

デゾ・ホフマンの写真スタジオがあった場所の数軒並びにも、マニアには知られるゆかりの地がある。50年代から60年代にかけてジャズとリズム&ブルースの聖地として知られたフラミンゴ・クラブ〔9〕の跡地だ。65年8月にポールがバーズを観にジェーン・アッシャーと訪れた場所でもあった。

しばらく歩くと、同じくデゾ・ホフマンがフォト・セッションを行なったルパート・ストリートの青果市があり、「リンゴはあるかな？」と果物を眺めながら通り過ぎる。オアシスの『モーニング・グローリー』(95年)のジャケットに登場した道も通り過ぎながら向かったのは、レイモンド・レヴューバー〔10〕である。

67年9月にビートルズがテレビ映画『マジカル・ミステリー・ツアー』のストリップ・シーンの撮影を行なった場所——と聞くと、色めき立つファンが出てくるかもしれない。個人的には、ここにボンゾ・ドッグ・ドゥー・ダー・

9　フラミンゴ・クラブ
Flamingo Club
33-37 Wardour Street,W1

52年、エンバー・レコードの創設者ジェフリー・クルーガー（2002年にMBE勲章授与）と彼の父サム・クルーガーによって、コヴェントリー・ストリートにオープンしたナイト・クラブ。57年には、デゾ・ホフマンの写真スタジオの数軒先のウォーダー・ストリート33-37番地に移転した。60年代に入ると、モッズ・カルチャーの中心地としてジャズとリズム&ブルースの聖地といわれるようになり、ビートルズやローリング・ストーンズ、ジミ・ヘンドリックスなど、有名ミュージシャンのたまり場ともなった。65年8月6日には、ポールがジェーン・アッシャーを連れて来店し、ブライアン・ジョーンズと一緒にバーズの演奏を楽しんでいる。67年に閉店し、現在はアイリッシュ・パブ「オ・ニール」として営業中。

「ウォーカーズ・コート」で出迎えてくれた
"ひん曲がったジョン"(右手)

バンドのニール・イネスがやって来たのかとまずは思ってしまうけれども。井上さんによると、2017年夏に来た時も建物全体が改装中だったとのことで、ストリップ劇場もいまだ閉店中だった。その建物の横手の「ウォーカーズ・コート」に入ったが、ここもまたいかがわしい路地だった。"ひん曲がったジョン"が出迎えてくれたのはいいけれど、東京の歌舞伎町の一角のようだといえば伝わるだろうか。

明日行く予定のアビイ・ロード以外にも、ビートルズが公のレコーディングで使ったスタジオはイギリスに限らずいくつかあるが、そのひとつがソーホーにある。現在は放送局やマルチ・メディア向けの録音スタジオとして営業

10　レイモンド・レヴューバー

Raymond Revuebar
11 Walker's Court (At Berwick Street), W1

ソーホー地区ウォーカーズ・コート11番地にあったイギリスで初めての合法的な会員制ストリップ・クラブ。不動産業界の大物で、雑誌の出版も手掛けるリヴァプール生まれのポール・レイモンドが58年に店を開いた。67年9月18日、ビートルズはテレビ映画『マジカル・ミステリー・ツアー』のストリップ・シーンの撮影をここで行なったが、スケジュールが押していたせいで、撮影が開始されたのはなんと早朝6時だったという。このクラブのレギュラー出演者であるジャン・カーソンが実際にストリッパー役をつとめ、ポールに出演を依頼されたボンゾ・ドッグ・ドゥー・ダー・バンドが新曲「デス・キャブ・フォー・キューティ」を演奏。この曲は翌10月に発売された彼らのファースト・アルバム『ゴリラ』に収録された。クラブはその後、ソーホー・レヴューバーと名前を変え、幾度かリニューアルされたものの、現在は閉店している。

中の、トライデント・スタジオ［11］だ。ここは、今回のツアーで行ってみたい「未体験の場所」のひとつだった。

スタジオというと、「大通りに面したデカい場所」というイメージがあるが、トライデント・スタジオは、「こんなに細い路地にあるのか」と思うほどの小さいスタジオだった。なぜビートルズがここを使ったのかというと、EMIスタジオにはなかった8トラックの機材がすでに置いてあったからだ。68年の『ザ・ビートルズ（ホワイト・アルバム）』のセッション以降、70年代前半にかけて4人は頻繁にこのスタジオを利用した。入口には、ここでレコーディン

★アルバム『ザ・ビートルズ（ホワイト・アルバム）』
The Beatles『The Beatles』
オフィシャル全213曲の7分の1にあたる30曲が聴ける9枚目のオリジナル・アルバム。初の2枚組である。真っ白なジャケットから『ホワイト・アルバム』と呼ばれる。ジェレミー・バンクスが手掛けた折込ポスターの裏には全曲の歌詞が印刷され、表のコラージュには、ロード・マネージャーのニール・アスピノールとマル・エヴァンスが持っていたデビュー前の皮ジャン姿のジョンとポールの写真なども あしらわれている。68年11月22日に発売され、英米1位を記録。

11　トライデント・スタジオ
Trident Studios
17 St Annes Court,W1

68年から81年まで、ロンドンのソーホー（セント・アンズ・コート17番地）にあったレコーディング・スタジオ。イギリスで初めて8トラックの録音機材を導入。ビートルズは68年7月に「ヘイ・ジュード」、その後『ザ・ビートルズ』のセッションで「ディア・プルーデンス」「ハニー・パイ」「サボイ・トラッフル」「マーサ・マイ・ディア」、69年2月には「アイ・ウォント・ユー（シーズ・ソー・ヘヴィ）」をレコーディングした。ジョン（プラスティック・オノ・バンド）の「コールド・ターキー」、リンゴの『センチメンタル・ジャーニー』「明日への願い」、ジョージの『オール・シングス・マスト・パス』をはじめ、アップルの専属アーティスト（ジェームス・テイラー、ジャッキー・ロマックス、ビリー・プレストンなど）もここでレコーディングを行なっている。68年7月にメリー・ホプキンがデビュー・シングル「悲しき天使」を録音した際には、このスタジオの向かい側にある路地「フラックスマン・コート」でポール、メリー、コーラスを担当した女学生たちとの宣材写真が撮影された。現在は放送局やマルチ・メディア向けの録音スタジオとして営業中。

トライデント・スタジオ前にある狭い路地「フラックスマン・コート」で、68年のポールとメリー・ホプキンに思いを馳せる

グした主要アーティストの曲やアルバムだけでなく、録音年月まで掲げられている。これを見るだけでも、ここに来る意味はでかい。数えてみたら、計20アーティスト、アルバムとシングル合わせて38作品の記載があった。

アップル関連にジェームス・テイラーの「想い出のキャロライナ」があるのに、メリー・ホプキンがひとつもないのは残念だった。メリー・ホプキンと言えば、68年7月にデビュー・シングル「悲しき天使」を録音した際に、スタジオの向かい側にあるさらに細い路地「フラックスマ

トライデント・スタジオでレコーディングした主要アーティストの顔ぶれがすごい

ン・コート」で撮られた、メリーとポールが、コーラスを担当した女学生たちと一緒にいる写真がある。こんなに細い路地に、よく14人も並んだものだ。

ソーホーにはもうひとつ、絶対にはずせない場所がある。ポールの事務所MPL（マッカートニー・プロダクションズ・リミテッド）[12]だ。緑の多いこぢんまりとした公園の前に構えたこげ茶の建物。ここに来るたびに、開放感あふれるロンドンの広がりを実感させられる。さすがに中には入れないが、ドア越しに中を覗き込むことはできる。88年に訪れた時にもあった、『タッグ・オブ・ウォー』(82年)のジャケットのモチーフとなった赤と青の文様をあしらった絵が飾られているが、今回は『フラワーズ・イン・ザ・ダート』(89年)からシングル・カットされた「太陽はどこへ？」のジャケットに似た絵も、その横手に飾られていた。

さらに1階の右手奥を目を凝らして見てみたら、新たにとんでもないものが「鎮座」していることがわかった。

12　MPL（マッカートニー・プロダクションズ・リミテッド）
MPL（McCartney Productions Ltd）
1 Soho Square

ポールが69年に設立した音楽出版社（71年2月に「MPL」と改称）。ロンドンの中心地、ソーホー・スクエア1番地にビルを構える。自身のソロ、ウイングス名義の作品はもちろん、カール・パーキンスやバディ・ホリーなど、ビートルズにもゆかりのあるアーティストのほか、オールディーズやミュージカルなど、実に3万曲以上もの権利を有する世界最大の音楽出版社のひとつである。ポールのオフィスは3階にあり、地下にはアビイ・ロード第2スタジオを模したレプリカ・スタジオまで完備。97年に『フレイミング・パイ』がリリースされた際には、ビートルズの“ルーフ・トップ・コンサート”さながらに、ポールはこのビルの屋上で「ヤング・ボーイ」と「ワールド・トゥナイト」を演奏し、幸運にもたまたま近くに居合わせた人々を喜ばせた。ビートルズのデビュー曲「ラヴ・ミー・ドゥ」と「P.S.アイ・ラヴ・ユー」の権利も持ち、ポールはこの2曲を強引にメドレーにした「P.S.ラヴ・ミー・ドゥ」という珍曲を90年に発表している。

ポールの事務所「MPL」にて。右奥に鎮座する「椅子」を目にした時の驚きたるや！

知らない人が見たら、ちょっと高級そうなアンティークの肘掛け椅子だと思うだろうけれど、これ、アルバム『追憶の彼方に〜メモリー・オールモスト・フル』のジャケットに登場した椅子の「本物」なのだ。今回のイギリス・ツアーは、場所ごとに驚きの連続だったが、たぶん1センチほど足が宙に浮いたのはこれが最初である。

公園の脇を少し歩いた横手の道には、「ゴヴィンダ」という名前のベジタリアン・レストランが併設されたラダ・クリシュナ・テンプルのロンドン本部［13］がある。今回は車がその前に停まっていたので、遠目に見ただけで先を急いだ。

ソーホーを思う存分楽しんだ後は、またしばらく歩く。…というか、まだまだ歩く。次に向かったのは、ビートルズの楽曲を管理していたディック・ジェイムズの事務所［14］のあった場所だ。ここも初めて足を運んだ

★アルバム『追憶の彼方に〜メモリー・オールモスト・フル』
Paul McCartney『Memory Almost Full』

前作『ケイオス・アンド・クリエイション・イン・ザ・バックヤード〜裏庭の混沌と創造〜』から約2年ぶりとなるポールのスタジオ・ソロ・アルバム（2007年6月4日発売）。新レーベル「ヒア・ミュージック」への移籍第1弾となった。プロデュースはデヴィッド・カーンが担当。内省的な前作から一転、音の作り込みを果敢に行なったポップ・ロック・ナンバーが満載の意欲作で、英5位・米3位を記録。

が、まだデビュー間もないビートルズを売り込むために、マネージャーのブライアン・エプスタインがこの事務所を訪れ、老獪な(と思われれる)ディック・ジェイムズを相手に熱弁をふるった様子を思い浮かべたい場所、

13 ラダ・クリシュナ・テンプル/ゴヴィンダズ・ピュア・ベジタリアン・レストラン

Radha Krishna Temple/Govinda's Pure Vegetarian Restaurant
10 Soho St,London,Greater London W1D 3DL

60年代半ばからインド文化と神秘主義に傾倒していたジョージは、68年10月に布教活動のためにサンフランシスコからロンドンを訪れていた国際クリシュナ協会の幹部2名とアップルのオフィスで面会し、即座に意気投合。その活動支援のために、彼らのレコードのプロデュースを買って出ることにした。69年8月にラダ・クリシュナ・テンプル名義でアップルから発売された「ハレ・クリシュナ・マントラ」は、英12位まで上昇。70年5月にはアルバムも発売され、彼らは世界的な知名度を得ることとなった。ラダ・クリシュナ・テンプルのロンドン本部は、ソーホー・ストリート10番地(MPLから徒歩でほんの数分の距離)にある。併設されているベジタリアン・レストランの名前「ゴヴィンダ」は、彼らのセカンド・シングルのタイトルと同一である。

14 ディック・ジェイムズ・ミュージック(シャルドン・マンションズ)

Dick James Music(Shaldon Mansions)
132 Charing Cross Road,WC2

1920年にロンドンで生まれたディック・ジェイムズが、チャーリング・クロス・ロード132番地にあるシャルドン・マンションの2階に構えた音楽事務所。彼は10代の頃から数々のダンス・バンドのヴォーカリストとして名を馳せ、56年にジョージ・マーティンのプロデュースによりパーロフォン・レーベルからリリースされたテレビ番組の主題歌「ロビン・フッド」は、英14位のヒットを記録した。その後、音楽出版事業に進出し、61年にディック・ジェイムズ・ミュージックを設立。62年11月27日にブライアン・エプスタインがこの事務所を訪れ、「プリーズ・プリーズ・ミー」と「アスク・ミー・ホワイ」の版権管理について相談。翌63年1月に正式契約を結び、その後のノーザン・ソングス設立へとつながっていく。63年にはビートルズも頻繁にここを訪れていたが、業務の急拡大に伴い、半年後の64年5月に、ここから約300メートルほど離れたニュー・オックスフォード・ストリート71-75番地に事務所を移転した。

である。

ここでちょっと、先に触れたデゾ・ホフマンの写真スタジオの横手の路地と同じように「ビートルズごっこ」（正確に言うと「ジョン・レノンごっこ」）が楽しめる場所に寄り道をした。ブロードウィック・ストリートの公衆トイレ［15］である。この公衆トイレは、『サージェント・ペパーズ・ロンリー・ハーツ・クラブ・バンド』制作開始直後の66年12月に、BBCテレビのバラエティ番組にジョンが1人で出演し、正装したドア・マンに扮した際に佇んでいた場所である。「おばあちゃんめがね」をかけてまもないジョンの「敬礼ポーズ」がファンにはよく知られているので、ポーズは当然それ、である。

続いて、ソーホーの一般的な名所でもあるカーナビー・ストリート［16］へ。60年代に一世を風靡した「スウィンギング・ロンドン」といえばここ、である。現在でも十分にファッショナブルな佇まいのままで、個人的なことを言えば、ポール・スミスと並んでいま最も愛用しているプリティ・グリーンの本店［17］もある。名古屋の講座や

15　ブロードウィック・ストリートの公衆トイレ

The Toilets In Broadwick Street
Broadwick Street (At Hopkins Street) ,W1

66年12月26日、イギリスBBCテレビで放送されたバラエティ番組『ノット・オンリー...バット・オールソー』にジョン・レノンが2度目の単独出演（1回目の出演は65年1月9日）。今回は、架空の"ロンドンで一番ファッショナブルな会員制トイレ"「アド・ラヴ」のドア・マンに扮し、約50秒間のコントを演じた。ちなみに「ラヴ」とは「愛」ではなく「トイレ（lavatory）」のこと。実在した（ビートルズとの関わりも深い）「アド・リブ・クラブ」のパロディである。ジョンは地上にあるトイレの入り口でお客様を出迎える役を演じ、階段を降りるとそこにはグランド・ピアノの生演奏までが聴ける広大な会員制スペースがあった、というオチ。ジョンの出演部分は11月27日の早朝に撮影されている。このトイレは今も実在しているが、もちろん階段の下にあるのはごく普通の"公衆便所"である。

イギリス・ツアーに持参したビートルズのトート・バッグは、2017年に『サージェント・ペパーズ…』50周年に合わせたビートルズとプリティ・グリーンのコラボレーション企画の際に、15000円以上買えば先着でもらえたものだった。もうひとつ個人的に言えば、同じくビートルズと2018年にコラボ企画をしたハッピー・ソックスも、長らく愛用している品である。

ソーホーには、ピカデリー・サーカスのロンドン・パヴィリオンと並ぶ「公の名所」もある。63年10月、「ビートルマニア」という言葉が生まれたテレビ番組の生中継が行なわれたロンドン・パラディアム［18］である。ここはやはり、この劇場の周りをイギリ

どこにでもある公衆トイレも、ジョンが立ってポーズをとっただけで「ゆかりの地」に
©Ron Case/Keystone/Getty Images

16　カーナビー・ストリート
Carnaby Street

17世紀に作られた、ロンドン中心部ソーホー地区の真ん中に位置する通り。「スウィンギング・ロンドン」と呼ばれた60年代には、モッズ・カルチャーやヒッピー・カルチャーの中心地となり、ファッションや音楽に多大な影響を与えた。当時の若者文化を代表する存在としては、ファッション・モデルのツィッギー、デザイナーのマリー・クワント、美容師のヴィダル・サスーンなどが挙げられるが、音楽面ではビートルズ以外にも、ザ・フーやスモール・フェイセス、ローリング・ストーンズといったバンドがこのエリアによく出没していた。現在でも流行最先端のブランド・ショップが軒を連ね、おしゃれなカフェやレストランが立ち並ぶ一大商業スポットになっている。歩行者専用道路になっているので、車の通りもなく、落ち着いてショッピングを楽しむことができる。

スの10代の女性が取り囲んだ状況を思い浮かべながら楽しみたい。右隣にあるサザランド・ハウスの6階は、ブライアン・エプスタインがマネージメント事務所**ネムズ・エンタープライズのロンドン本社**［19］を構えた場所で、それを証明するプレートも建物の外壁に掲げられている。

ロンドン・パラディアムの近くには、もうひとつ「出会いの場所」がある。66年11月にオープンするや、音楽

17　プリティ・グリーン（カーナビー・ストリート店）

Pretty Green（Carnaby Street Store）
57 Carnaby Street London,W1F 9QF

元オアシスのフロント・マンであるリアム・ギャラガーが、2008年11月に立ち上げたファッション・ブランド。ブランド名は80年11月発売のザ・ジャムのアルバム『サウンド・アフェクツ』の収録曲「プリティ・グリーン」が由来となっている。ちなみにこの言葉は（緑色だった）昔のポンド紙幣を意味するという。ビートルズとのコラボ商品も多い。カーナビー・ストリート店はロンドンの第1号店として2010年にオープン。地上3階を有する旗艦店として現在も営業を行なっている。

18　ロンドン・パラディアム

London Palladium
7-8 Argyll Street,W1

1910年にソーホー地区アーガイル・ストリート7-8番地に建てられた、ロンドンで最も有名なヴァラエティ・シアター。座席数は2286席。1912年から100年以上続いている英国王室主催の「ロイヤル・ヴァラエティ・パフォーマンス」はここでの開催が圧倒的に多く、かねてからブライアン・エプスタインの憧れの劇場でもあった。ビートルズは63年10月13日にテレビ番組『バル・パーネルズ・サンデイ・ナイト・アット・ザ・ロンドン・パラディアム』のためにここで初めて公演を行ない、その様子はテレビで生中継され、視聴率は50パーセントにものぼった。建物の周りは大勢の女性ファンに取り囲まれて大渋滞となり、公演後に正面玄関から出てきた4人は、警官に護衛された車に乗り込むまで、絶叫するファンにもみくちゃにされた。翌日の新聞はこの熱狂的な状況を「ビートルマニア」という言葉とともに1面トップで報道。ビートルズは64年1月12日、64年7月23日の計3回ここで公演を行なった。

ファンの行きつけの場所として人気を博したバッグ・オネイルズ[20]である。ここで出会ったのはポールとリンダ・イーストマン。アルバム『サージェント・ペパーズ…』完成後の67年5月15日、ポールがジョージィ・フェイム・アンド・ザ・ブルー・フレイムズの演奏を聴きに

19 ネムズ・エンタープライズ(サザランド・ハウス)
NEMS Enterprises (Sutherland House)
5-6 Argyll Street,W1

64年3月9日、ブライアン・エプスタインが、アーガイル・ストリート5-6番地にあるこのサザランド・ハウスの6階に、ネムズ・エンタープライズのロンドン本社を構えた。若かりし頃に俳優を志していたエプスタインは、舞台への情熱を失ったことはなく、有名なロンドン・パラディアムの隣に事務所を構えることは彼の悲願でもあった。以後、この事務所は、彼の死(67年8月27日)の数ヵ月後まで使用された。ビートルズはこの事務所を記者会見やインタビューにもよく利用した。66年1月にはジョージとパティが結婚後の記者会見を開き、大勢のレポーターから祝福を受けた。

20 バッグ・オネイルズ
Bag O'Nails
9 Kingly Street,W1

音楽業界で働くジョン・ガンネルとローリー・レズリーが、66年11月にソーホー地区キングリー・ストリート9番地にオープンしたナイト・クラブ。開店してすぐにポップ・スターやR&Bファンのたまり場となった。他のクラブとは異なる、日曜日を含む週7日営業のスタイルが受け、『サージェント・ペパーズ…』の制作に入っていたビートルズもよく顔を出した。最も頻繁に通っていたのはポールで、彼専用のテーブルまで用意されていたという。67年1月18日にポールとリンゴがここでジミ・ヘンドリックスの演奏を聴き、同年5月15日、ジョージィ・フェイム・アンド・ザ・ブルー・フレイムズの演奏を聴きに来ていたポールは、アメリカの女性写真家リンダ・イーストマンと運命的な出会いを果たす。その4日後、エプスタイン宅で開かれた『サージェント・ペパーズ…』のプレス向けの完成記念パーティーで2人は偶然再会。さらに翌68年5月、アップル設立のためニューヨークを訪れたポールは、14日の記者会見でリンダと再会し、連絡先を交換。以後、2人はお互いの愛情を深めていくことになる。

来た時の出来事だった。

歴史的な場所からマニア垂涎の場所まで、これでもかとばかりに繰り出されるゆかりの地ツアー。だが、これでも序の口、いや序二段。まだ本題に入っていないのだから、ゴルゴ13がツアーに同行していたら、「ウォーカーズ・コート」に呼び出されてボコボコにされていたに違いない。

2日目の（大きな）ハイライトのひとつ――それはサヴィル・ロウの路地に颯爽と建つアップル・ビル［21］である。

思い起こせば、最初に来た時に最も感動したのは、ロンドンのアップル・ビルとリヴァプールのストロベリー・フィールドだった。アップル・ビルは、ビートルズが69年1月、「ゲット・バック・セッション」の後半に地下のスタジオで、後にアルバム『レット・イット・ビー』ならびに映画『レット・イット・ビー』として公表されることになる制作現場となった、解散間際の最重要地である。そして今回、3度目の来訪となったが、運の良いこ

21　アップル・ビル
"Apple Corps" Offices
3 Savile Row, W1

サヴィル・ロウ3番地に建つジョージ王朝様式の由緒あるビル。69年1月30日、ビートルズのラスト・ライヴ――ビルの屋上での"ルーフ・トップ・コンサート"が行なわれた場所として、ファンには最も知られる"聖地"のひとつ。68年6月にビル1棟が丸々売りに出されるという情報を得たビートルズが、6月22日に50万ポンドで購入し、改装工事を行ないながら7月15日には全スタッフを引き連れてこのビルに入居。地下にはレコーディング・スタジオを建設、メンバー1人1人のオフィスも完備された。ビートルズ解散後の72年にアップルは事務所機能をセント・ジェイムズ・ストリート54番地に移転、75年5月には、残っていたスタジオも閉鎖し、最終的に80年には不動産を売却した。以後、このビルは所有者が何回か変わったが、現在は2014年9月にオープンした子供服専門店「アバクロンビー&フィッチ・キッズ」になっており、営業時間中には顧客として（屋上以外の）各階に自由に出入りすることができるようになった。

★アルバム『レット・イット・ビー』
The Beatles『Let It Be』

ビートルズの同名映画のサウンドトラック盤。グリン・ジョンズの制作で2回もオクラ入りとなったアルバム『ゲット・バック』をフィル・スペクターが再編集して完成させた、曰くつきの1枚。最後(12枚目)のオリジナル・アルバムとあって、日本では当時、ビートルズのアルバムで最も売れた。イギリスでは、69年1月の「ゲット・バック・セッション」をとらえたイーサン・ラッセルによる写真集が付いたボックス・セットがまず70年5月8日に発売された後、通常盤は11月6日に発売された(英米1位を記録)。

★映画『レット・イット・ビー』
The Beatles『Let It Be』

69年1月の「ゲット・バック・セッション」の模様を収めたドキュメンタリー作品で、70年5月にビートルズ最後の主演映画として公開された。ビートルズがスタジオでどのように曲を仕上げていくのか、その過程が伺える貴重な映像だが、4人の関係がギクシャクしていた時期だったため、ポールとジョージの口論をはじめ、全体のトーンは暗い。映画のハイライトとなった"ルーフ・トップ・コンサート"がそのすべてを拭い去る晴れやかさ、ではある。

ロンドンのゆかりの地といえばアップル・ビル。中に入れただけでなく、地下もちょっと覗いてみた(提供:澤野晴彦氏〈上〉)

とに、これまでは借主が変わっても中にはまったく入れなかったのに、今回は2014年にビートルズ好きの経営者に変わった。しかもお店は、子供服専門店「アバクロンビー&フィッチ・キッズ」である。当然のように、自由に出入りできる、服を買わずに——というのは申し訳ない気もするが、買ったとしても大きめの靴下ぐらいだろうか。さすがに屋上はフェンスもないので立ち入り禁止になっているが、その下の階までは普通に行き来できる。2017年秋にここを訪れた知り合いから写真を見せてもらっていたが、何と言っても、屋上に近い場所でロンドンの高見見物が——ビートルズが屋上で演奏した時に目に映った光景ももちろん想像しながら——できるのだ。興奮しないわけがない。しかも、当時スタジオのあった地下の階段も自由に、というよりも勝手に降りて行けるのだからたまらない。

そして思う。予想していたよりもまったく広くないこの道を歩いていたら、いきなり上から大音量で音楽が降ってきたのだから、そりゃ下はごった返すわけだ。しかも昼時である。

ここで面白い出来事があった。名古屋の講座後のお茶会を毎回仕切ってくださる名古屋のMさん（男性）が、旅行前に他の講座の方と協力し合い、「あるもの」を準備してきたのだ。一言で言えば、アップル・ビルの前で「ゲット・バック」を大音量で流す、という仕掛けである。何をいきなりと思うツアー同行者ももちろんいたが、それはそれ。さすがに大音量というわけにはいかなかったが、69年1月30日のお昼時にタイムスリップできて、特に年配の参加者からは好評だった。曲が終わるか終わらないかという頃におまわりさんが前を通ったのはご愛嬌だったけれど。

かなり歩き続け、時計を見たら14時を優にまわっている。お腹もすくわけだ。そこで、またデゾ・ホフマンの旧スタジオ近くまで戻り、中華街にある「ワン・ケイ(WON KEI)」という中華(広東)料理店で遅い昼食。3つに分かれてシェアしながらビールも飲みつつ食休み、である。注文がなかなか伝わらなかったり、水を頼む際にもめたりと、ふだんは温厚な名古屋のTさんが店員とやり合う場面などもあった。今では笑い話で済んでしまう微笑ましいやりとりだったと思うけれど、ここで休んで良かったと思えるほど、みんな歩き疲れていた。

さて、2日目の「第2部」は、電車での移動から始まる。

ウェスト・ハムステッド駅に着くと、駅の周辺の建物がまず味わい深い。数分歩いて左に曲がると、窓枠が水色の、茶色い建物が見えてきた。現在は国立オペラ劇場のリハーサル・スペースとして使われているというその建物こそ、62年1月にビートルズがオーディションに落ちた旧デッカ・スタジオ[22]である。

リヴァプールから車で何時間もかけてロンドンのこの場所にやってきたビートルズ。思えばポールとジョージはまだ10代だった。元旦の極寒のロンドンで疲れも癒されないままオーディションに臨んだのだから、体調維持もままならない。ジョンとポールの声が本調子ではないのが、『アンソロジー1』(95年)などに収録された多くの演奏からも伺える。そうした中で最も溌剌とした歌

あまり多くはなかった地下鉄での移動中の一コマ。向かうはウェスト・ハムステッド駅にあるデッカ・スタジオである

22　デッカ・スタジオ
Decca's Recording Studio
165 Broadhurst Gardens,NW6

ウェスト・ハムステッド駅にほど近いブロードハースト・ガーデンズ165番地に、62年1月1日、オーディションでビートルズを落とすという「歴史的大失態」を演じたデッカ・レコーディング・スタジオがあった。もともとはクリスタレート・レコード社が所有していたこのスタジオをデッカが20万ポンド（現在の価値で約1000万ポンド）で購入したのは1937年のこと。当時のライバルEMI（1931年にすでにアビイ・ロード・スタジオを開設）に技術的な遅れをとっていたデッカは、ここに当時最先端のスタジオを開設することで一気に巻き返しをはかる。第二次世界大戦後は、戦時中に携わった潜水艦ソナー技術を応用したハイファイ録音「ffrr」で多くの作品を発表、53年には早くもステレオ録音方式の実験を行なうなど、レコード業界における数々の技術革新を行なった。

ビートルズとの契約を逃すという失敗はあったものの、63年5月にはジョージの薦めで出会ったローリング・ストーンズと契約。英21位を記録した彼らのデビュー・シングル「カム・オン」がレコーディングされたのもこのスタジオである。その後、デッカがポリグラムに吸収されたことにより、このスタジオは80年に閉鎖され、現在は英国国立オペラ劇場のリハーサル・スペースとして使用されている。

声を聴かせていたのがジョージだ。そしてここでもまた、知らぬ間に（そこそこの音量で）曲が聞こえてきた。「ハロー・リトル・ガール」と「スリー・クール・キャッツ」。もちろん、目の前のスタジオで56年前に演奏された曲だ。

井上さんはカメラマンとしてビートルズのゆかりの地を撮り続けているが、先に触れた『ビートルズUK盤コンプリート・ガイド』にも掲載されているように、レコーディング・スタジオも数多く訪れている。デッカ・スタジオにすんなり行けたのも、井上さんの経験の成せる業だった。

ウェスト・ハムステッド駅に

デッカ・オーディション
Decca Audition

62年1月1日に行なわれた大手デッカ・レコードのオーディション。まだリンゴが加入前で、ドラムは前任のピート・ベストが担当した。マーク・ルイソンの『ザ・ビートルズ史』で、このオーディションが実際にはテスト・レコーディングを兼ねたものだったことが判明しているが、いずれにしても結果は不合格だった。

戻り、ロンドンでの次なるハイライトとなる**メリルボーン駅**［23］へと向かう。最初の**主演映画『ハード・デイズ・ナイト』**の撮影場所として知られる、ロンドンでの名所のひとつだ。まず駅構内に入り、プラットホームの天井を見ただけで、映画のオープニング・シーンが目に浮かんでくる。それほど印象深く目に焼き付くのは、64年当時と見た目がほとんど変わっていないからだろう。

メリルボーン駅にはもうひとつ「ビートルズごっこ」に欠かせない重要な場所がある。駅の右手にある**ボストン・プレイスの歩道**［24］だ。映画をご覧になった方はご存知のように、ファンに追われてあわてて逃げている最中にジョージとリンゴが転倒し、ジョンがそれに気づいて大笑いする冒頭のシーンに使われた歩道である。

ジョージが転んだ正確な場所はどこか。それを具体的に示した写真や資料をまだ見たことがないが、歩道に立った瞬間に「この道だ！」と思わせる不思議な魅力がある。アビイ・ロードの横断歩道ほどではないものの、何人かが「転ぶ場面」を再現したが、中でもIさんは本気で転んで指から血を流す熱血ぶりだった。「遊びは本気で」というビートルズ流の楽しさを体現したさすがの心意気である。

私はまったく知らなかったが、皆さんが転んだほぼ向かいの場所に、ゆかりの地がひとつあった。68年に設立された**アップル・エレクトロニクス**［25］の本社と研究所だ。特にジョンに信頼されたマジック・アレックスは、30年ほど前にこの場

映画『ハード・デイズ・ナイト』の冒頭の場面が即座に目に浮かぶ、メリルボーン駅構内

23　メリルボーン駅

Marylebone Station
Great Central Street,NW1

メリルボーン駅は、ウェストミンスター市のメリルボーン地区に1899年に作られた、ロンドン中心部における主要ターミナル駅。80年代には閉鎖の危機にも直面したが、90年代の鉄道民営化を経て現在は6つのプラットホームを持ち、ベイカールー線の地下鉄駅にも接続している。ロンドン市内で最も静かなターミナル駅であり、映画の撮影場所としてもよく利用されている。その中でも最も有名な映画が『ハード・デイズ・ナイト』である。映画のクランク・インから約1ヵ月後の64年4月5日、ターミナル駅が閉鎖されている日曜日をねらって、ビートルズと100名以上のエキストラによる撮影が決行された。ビートルズがファンに追いかけられながら駅の正面入口に走りこむシーン、駅構内での電話ボックスや3分間写真のシーン、掲示板を飛び越えるシーン、変装したポールとおじいちゃん(ウィルフリッド・ブランベル)がベンチに腰かけているシーン、4人が走り出した電車に飛び乗るシーンなどが撮影され、翌週12日にはファン抜きでの追加撮影も行なわれた。

★映画『ハード・デイズ・ナイト』
The Beatles『A Hard Day's Night』

ビートルズ初の主演映画。公開当時の日本語タイトルは『ビートルズがやって来る ヤァ!ヤァ!ヤァ!』。アメリカ初上陸後の64年3月から4月にかけて撮影されたが、ビートルズのアイドル人気は一過性のものとみられていたため、低予算でモノクロでの製作となった。しかしそれが功を奏し、まるで当時のビートルズを取り巻く状況や4人の性格までもがそのまま描かれているかのような躍動感のある名作となった。映画は7月6日にロンドンでプレミア公開されたのに続き、8月11日にはニューヨークでも公開され、初日だけで7万5千ドルの収益を上げた。「動くビートルズ」を初めて観た世界のファンは、音楽だけでなく、彼らのユーモアや一挙手一投足に目が釘付けになった。

所で研究するふりをしながら、実は路地で転んでばかりいたのかもしれない。

「ビートルズごっこ」を楽しんだ後は、メリルボーン駅を背に、また歩く。さすがに歩き疲れてきた人も多いが、「もう少しだから頑張りましょう!」という井上さんの一言で、2日目の旅も残り数ヵ所になったことを実感する。

続いて向かったのは、今回の旅行者からの要望のあったメリルボーン登記所［26］である。ウェストミンスター・カウンシル・ハウスの中にあるため、建物を眺めるだけにとどまったが、ポール・ファンには欠かせない場所だ。ポールが婚姻届を二度（69年にリンダと、2011年にナンシー・シェヴェルと）提出したゆかりの地だからだ。リンゴとバーバラ・バックが81年に婚姻届を出した場所でもある。

時計を見たら、もう17時を過ぎている。通常のビートルズ・ツアーはこのくらいでお腹いっぱいになるが、さらにこの後、アルバム『サージェント・ペパーズ…』のジャケットにゆかりのあるマダ

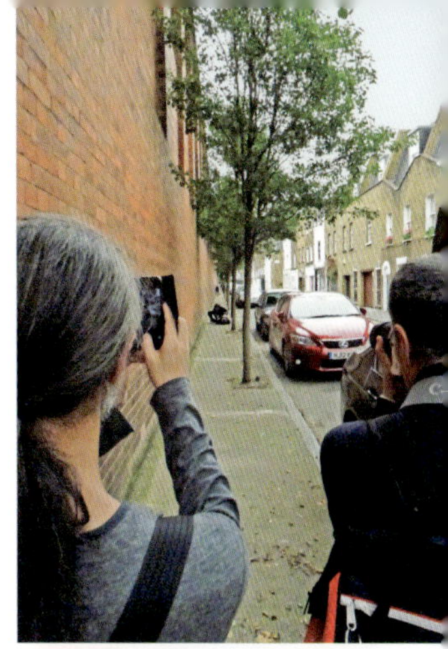

上／ボストン・プレイスの歩道で次々と転ぶツアー参加者を激写
下／本気を出して指を擦りむいたIさんたちと和やかに談笑

24　ボストン・プレイスの歩道

The Pavement Of Boston Place／
34 Boston Place,NW1

64年4月5日（日）の午後、メリルボーン駅の右手にあるボストン・プレイスの歩道で映画『ハード・デイズ・ナイト』の冒頭シーンの撮影が行なわれた。熱狂的なファン（エキストラ、ただし本当のビートルズ・ファン）に追いかけられながらカメラに向かって走ってくるジョン、ジョージ、リンゴの3人。途中でジョージが転んでしまい、つられてリンゴも転倒。振り返ったジョンは2人が折り重なっている姿を見て大笑い……本来ならNGとなるシーンだが、監督のリチャード・レスターはこの素晴らしい「アクシデント」をそのまま映画のタイトル・バックに使用することを決めた。映画の「つかみ」としてはこれ以上ない出来栄えで、ジョージにとっては文字通り「怪我の功名」となった。

25　アップル・エレクトロニクス

Apple Electronics
34 Boston Place,NW1

　ボストン・プレイスには、ビートルズに関わりのある重要な場所がもうひとつある。ジョン、ジョージ、リンゴが走った歩道とは反対側の34番地に、68年に設立されたアップル・エレクトロニクスの本社と研究所があったのだ。ビートルズからここを任されたのが、彼らとは65年から付き合いのあったギリシャ生まれのジョン・アレクシス・マーダス（通称マジック・アレックス）。設立当初のスローガン「家電業界に革命を起こすことを目指し、デザイン性の高い家電製品の製造販売を行なう」という目標も、アップル・ビルの地下に72トラックのレコーディング・スタジオを作るという壮大な計画も、結局何一つ形にできないまま、30万ポンド（現在の価値で約450万ポンド）もの大金を使い込んだあげく、71年5月に彼は辞任に追い込まれることになる。

26　メリルボーン登記所（ウェストミンスター・カウンシル・ハウス）

Marylebone Register Office (Westminster Council House)
Marylebone Rd (At Gloucester Place) ,NW1

　ウェストミンスター・カウンシル・ハウスは、英国人建築家サー・トーマス・エドウィン・クーパー（1874-1942）のデザインにより、1914年から足掛け7年の歳月をかけて当時のロンドン郡メトロポリタン自治区の町役場として建築された。メリルボーン登記所はこの中にあり、ビートルズのメンバーのうち2人が「合計3回」結婚した場所として有名。

　まずは69年3月12日、ポールとリンダが婚姻届けを提出（リンダは6歳の娘ヘザーを連れての再婚）。ポールの弟マイクとマル・エヴァンスも同席した。12年後の81年4月27日には、リンゴとバーバラ・バックが結婚。2人は映画『おかしなおかしな石器人』の共演で知り合い、婚姻届けを提出したのは映画公開の10日後だった。式にはポールとジョージも参加したことでひさびさに「スリートルズ」がファンの前に姿を現した瞬間でもあった。さらにそれから約30年後の2011年10月9日、ジョンの誕生日に婚姻届けを提出したのは、3度目の結婚となるポールとナンシー・シェヴェル。ポールの息子ジェイムズは花婿の介添人、次女のステラはナンシーのウェディング・ドレスをデザイン、長女のメアリーはチーフ・フォトグラファー、前妻ヘザー・ミルズとの間にできた娘のベアトリスは花嫁の介添人を務めた。

ム・タッソー蝋人形館［27］と、その前のオルソップ・プレイス［28］という通りまで足を伸ばす。オルソップ・プレイスは、テレビ映画『マジカル・ミステリー・ツアー』のバスの出発地だったが、周りを見渡してみて、よくこんなに賑わいのある場所を選んだものだと思った。

さらに15分ほど歩き、アップル・エレクトロニクスの本社よりは圧倒的に有名なアップル・ブティック［29］が入っていた建物へと向かう。2008年に牧野良幸さんとイギリスに行った時には、帰る前の日に一時的に唯一別行動をとった。その際に、牧野さんはソーホーに向かってMPLなどを見に行き、私はメリルボーン駅とアップル・ブティックへと足を運んだ。その時に見たアップル・ブティックがあった建物の外観がまったく変わっていなかったことに感慨を覚えたが、今回もしかり、である。67年12月7日にベイカー・ストリート94番地にオープンしたアップル・ブティックのサイケデリックなペインティングと、その後、白く塗り直された『ホワイト・アルバム』風のペインティングを思い浮かべつつ、撮れば必ず絵になる写真を何枚も――と思っていたら、スマートフォンの電池が切れて、アップル・ブティックの写真が、

27　マダム・タッソー蝋人形館

Madame Tussauds
Marylebone Road,NW1

マダム・タッソー蝋人形館は、フランスの蝋人形作家マリー・タッソーが1835年にベイカー・ストリートに建立し、1884年に現在のメリルボーン・ロードに移転した。64年4月29日、ビートルズの蝋人形が完成した際には記者会見のためにメンバー4人がここを訪れ、襟なし服を身にまとった自らの人形と一緒に記念撮影に収まった。それから約3年後の67年3月30日、襟なし服からダークスーツとネクタイ姿に「衣替え」した4人の蝋人形は、キングスロードにある写真家マイケル・クーパーのスタジオに貸し出され、6月1日に発売される『サージェント・ペパーズ…』のジャケット撮影のために再びビートルズ本人たちと再会した。

28　オルソップ・プレイス（『マジカル・ミステリー・ツアー』出発地）
Allsop Place（The Starting Point Of "Magical Mystery Tour"）
Allsop Place,NW1

マダム・タッソー蝋人形館の前の道は、オルソップ・プレイスと呼ばれている。テレビ映画『マジカル・ミステリー・ツアー』のクランク・イン当日の67年9月11日午前10時45分、ポールをはじめとする出演者とカメラ・クルーは、ここでマジカル・バスの到着を待っていた。旅の出発地点をここに決めたのはポールだった。ポールがここを選んだのは、キャヴェンディッシュ・アヴェニューの自宅から近く、バスによるビートルズ初期の国内ツアーの出発地だったからだろう。ジョン、ジョージ、リンゴの3人とは、彼らの自宅近くでそれぞれ落ち合う予定だったが、バスの到着が予定より2時間も遅れ、3人はすぐ近くのベイカー・ストリート駅にあるカフェで時間をつぶさなければならなかった。バスが遅れた理由は、なんと「ボディの塗装作業がまだ終わっていなかったから」。この後に起こる撮影のドタバタ劇を予見させるようなスタートだった。

★テレビ映画『マジカル・ミステリー・ツアー』
The Beatles『Magical Mystery Tour』

ビートルズが監督・脚本を手掛け、主演・音楽も担当したテレビ映画。ブライアン・エプスタイン亡き後、ポールの主導で製作されたもので、『ヘルプ！』に続く3作目の主演映画と位置付けられる。イギリスのBBC 1で67年12月26日にまず白黒で放送され、翌年1月5日にはカラーで再放送された。しかし当時はカラー・テレビが普及していなかったこともあり、ストーリーがあるようでない難解な内容が酷評され、ビートルズの最初の失敗作とまでいわれたが、「アイ・アム・ザ・ウォルラス」をはじめとする演奏場面は、音楽映像作品としても最高の仕上がりとなっている。

この日に撮れた最後の1枚となった。

次も初めて行く場所だった。63年11月からの2年ほど、ポールが最上階に「居候」していたジェーン・アッシャーの家［30］である。「抱きしめたい」をジョンとポールがこの家の地下室で作ったのはマニアには知られているけれど、むしろポールが夢の中で「イエスタデイ」を作った場所といったほうが、ゆかりの地としての「興奮度」は高いかもしれない。

18時になったが、まだ空は明るいままだ。続いて向かったのは、マンチェスター・スクエア20番地。アルバム『プリーズ・プリーズ・ミー』のジャケット写真で有名なEMIの元本社ビル(EMIハウス)[31]である。95年まではEMIが借りていたので、88年に行った時には上を見上げると『プリーズ・プリーズ・ミー』のジャケット写真と同じ構図を拝めたものだが、現在は手すりもなく、残

なぜか、見るとすぐにサイケデリックな色が頭に浮かんでくる旧アップル・ビル

29 アップル・ブティック

The Apple Boutique (The Apple Shop)
94 Baker Street,NW1

67年12月7日、ベイカー・ストリート94番地に18世紀に建てられたビルの1階に、ビートルズとしては初の「小売業」となるアップル・ブティックがオープンした。その2日前の12月5日には、関係者のみの開店記念パーティが催され、ジョンとジョージの2人だけが妻同伴で参加した(ポールは17日間の休暇中、リンゴは映画『キャンディ』の撮影のためにイタリアへ)。「洗練された人々が洗練されたものを買える洗練された場所」というコンセプトのもと、衣類や小物、アクセサリー、家具などを扱ったものの、コスト度外視の商品開発、不慣れな従業員(クォリー・メンの元メンバーだったピート・ショットン、パティの妹のジェニー・ボイドもいた)、万引きし放題の店内環境などが災いし、店の運営は難航。ジョンとポールが別々に来店し、従業員にまったく逆の指示を出して帰ることもあり、現場は混乱した。店の外壁にはオランダ人の芸術家集団ザ・フールがサイケデリックな巨大壁画を描いたが、近隣住民の反対により、あえなく5月には白いペンキで塗りつぶされた。そしてそのわずか2ヵ月後の7月31日、2日間の無料在庫処分の後、あっけなく閉店となった。損失額は20万ポンド(現在の価値で約320万ポンド)にも上った。

建物はその後74年に取り壊され、現在はトラベルシーン・ハウスというビルに変わっているが、外壁には2013年3月に取り付けられたブルー・プラーク(青い銘板)があり、そこには(開店記念パーティに参加した)ジョンとジョージの名前が刻まれている。

30 アッシャー家
The Residence Of The Asher Family
57 Wimpole Street,W1

ウィンポル・ストリート57番地にアッシャー・ファミリーの家があった。サー・リチャード・アッシャーは著名な精神科医、妻のマーガレットは音楽教師(なんと若き日のジョージ・マーティンにオーボエを教えた先生)、そして3人の子供たちは皆エンターテイナーだった。長女のクレアは女優、長男のピーターは歌手(ピーター・アンド・ゴードン)、次女は子役からすでに有名女優になっていたジェーン・アッシャーである。63年4月にビートルズと初対面した17歳のジェーンはその後ポールと公認の仲となり、63年11月から66年初めまでの約2年強の間、ポールはこのアッシャー家の最上階で暮らすことになる。

念ながら「ああ、ここがそうなのか。たしかに」という程度の面影しかない。

ロンドン2日目の旅もいよいよ最後。イギリスに限らずレコード店は軒並み姿を消して久しいが、**HMVのオックスフォード・ストリート店**［**32**］はいまだに健在だ。外観は大幅に変わったものの、オーディションに落ちたデッカの演奏テープをブライアン・エプスタインが持ち込み、アセテート盤にしてもらった場所として記憶にとどめておきたいゆかりの地である。数日後に、まさかそのアセテート盤に出会えるとは、この時はまったく思ってもいなかった。

★アルバム『プリーズ・プリーズ・ミー』
The Beatles『Please Please Me』

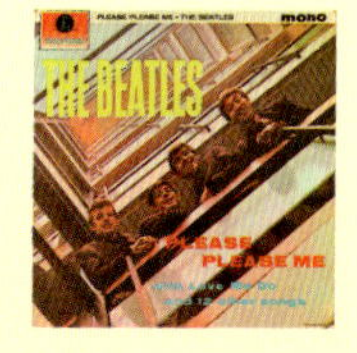

63年3月22日に発売された記念すべきデビュー・アルバム。リヴァプールでのライヴの熱狂があまりにもすごいので、その雰囲気をそのままスタジオで"真空パック"できないか？　プロデューサーのジョージ・マーティンのそんなアイデアをもとに、初の全英ツアーの合間(63年2月11日)に、発売済みのシングルを除く10曲をわずか1日、すべて一発録りで収録した(そのうちの2曲には後で手が加えられた)。英30週連続1位(！)を記録。

『プリーズ・プリーズ・ミー』のジャケット写真が撮影されたEMIの元本社ビル。88年（左）に行った時にはまだ会社があった

合計10キロ2万歩。歩きに歩いたロンドン2日目の「アイ・ワズ・ウォーキン」な9時間半の名所巡りは、これにて終了。

「10キロ歩く」と最初に聞いていたら、ここまで歩けたかどうかはわからない。でも、これだけゆかりの地がたくさんあると、不思議なもので、それほど疲れもなく歩けてしまうのだ。何より、2日目にして、誰も知らないようなマニアックな場所にもたくさん行けたし、あちこちに隠れているゆかりの地の多さにも驚かされるマジ

31　EMIハウス

EMI House
20 Manchester Square,W1

60年から95年までの約35年間、マンチェスター・スクエア20番地にあったEMIの本社ビル。ビートルズで最も有名なのは「2階の手すり越しに階下を見下ろす4人の写真」だろう。まずは63年2月、写真家アンガス・マクビーンにより、まだデビュー間もない初々しい4人が撮影され、ファースト・アルバム『プリーズ・プリーズ・ミー』と3枚目のEP『ビートルズ No.1』に別カットの写真がそれぞれ使用された。そして69年5月、アルバム『ゲット・バック』のジャケット用に再度同じ写真家が呼ばれ、6年前とまったく同じ構図の写真が撮影された。アルバム自体はお蔵入りになったものの、この時の写真は73年のベスト・アルバム『赤盤』『青盤』に使用された（ともに上記とは別カット）。

32　HMV オックスフォード・ストリート店

HMV Oxford Street
363-367 Oxford Street,W1

EMI系列の老舗レコード店。ブライアン・エプスタインがビートルズを売り込むために78回転10インチのアセテート盤を制作してもらった店でもある。デッカから「落選」を言い渡されていたエプスタインは、62年2月8日にHMVを訪れた。61年12月の時点ですでにEMIからも契約を断られていたエプスタインは、前年にハンブルクのレコード店主向けのコンベンションで知り合った店長のボブ・ボーストに、デッカのオーディション・テープを聴いてもらった。ボブは「売り込みにはテープよりもレコードの方が扱いやすいだろう」とエプスタインに進言し、2階のスタジオのエンジニアのジム・フォイを紹介した。即座にビートルズのサウンドを気に入ったジムは、1枚のアセテート盤を制作すると同時に、最上階にある（EMI系列の）音楽管理会社「アードモア・アンド・ビーチウッド」の所長シド・コールマンをエプスタインに紹介。彼らに興味を持ったシドが、（EMI配下の）パーロフォン・レーベルのプロデューサーであるジョージ・マーティンと会う約束を取り付け、こうして5日後の2月13日、エプスタインはEMIハウスでマーティンと初めて会うことになった。

カルな時間となった。個人的には、トライデント・スタジオの入口に掲げられたレコーディング・データ、MPLに置かれた椅子、アップル・ビルの地下、ボストン・プレイスでの「ビートルズごっこ」、それに旧アップル・ブティックが中でも最も味わい深かった。

カレー好きの私に気を遣ってか、夜は井上さんからカレーをぜひにと誘われて、Kさんと3人でホテル周辺を捜し歩いてみた。だが、一向にそれらしき店は見つからず、仕方なく無難なイタリアン・レストランで食事を済ませた。そしてホテルに戻ろうとしたら、なんと隣がインド・レストランだった——そんなお粗末な結末で2日目の旅は終了した。

・10月17日 【ロンドン】

ロンドン3日目は、今回の旅行のメイン・イベントといえるアビイ・ロード行きである。平日（火曜日）なので、通勤時間帯の交通渋滞に巻き込まれないために（理由は言わずもがな、素早く横断歩道を渡る写真を撮るため）、朝早く、6時半にホテルを出て、ささっと撮って、またホテルに戻って朝食をとる予定だった。

だが、10月中旬ともなるとまだ日が出ていなくて薄暗く、写真もうまく撮れるかどうかわからない。そのため、予定を急遽変更し、朝食後にアビイ・ロードへと向かうことにした。

イギリスは食事が美味くない――というよりもはっきり不味いと言ってしまってもいいかもしれない。フィッシュ&チップスは美味しいものは美味しいが（当たり前か）、イギリス料理と呼べるものが、まったくと言っていいほど思い浮かばない。結局、食べるのはイタリアンか中華になってしまう。

88年に初めて行った時には、日本では1日5、6杯は飲んでいた珈琲がロンドンでさえどこにもなくて困った。マクドナルドはまだなく、ウィンピーという安いハンバーガー屋に珈琲があった程度で、自動販売機などもあるわけがない。地下鉄の構内にガムの販売機はあったが、お金を入れてもうんともすんとも言わなかったので、とりあえず叩くだけ叩いた記憶がある。そんな時に、キオスクのような駅の売店に、日本とは絵柄の異なる、さらに劇画調の男性が描かれたポッカ・コーヒーがあった。中毒症状を緩和するために即座に買ったが、たしか300円ぐらいしたと思う。

「ああ、そうか。イギリスは紅茶の国だった」

実際、紅茶はたしかに美味い。イギリスが硬水（日本は軟水）という影響もあるのかもしれない。2008年に行った時に、メリルボーン駅からアップル・ブティックに向かう途中にあった、日本にあるスーパーのような百貨店に入った。そこで、いわゆる紅茶の「ティーバッグ」の詰め合わせを会社のお土産用に購入したが、日本に帰って家で少し飲んだら、これが美味いのなんの。お湯を入れただけで、鮮やかな紅色がカップの中に広がっていくのだ。

今ではロンドンにはスターバックスや無印良品なども普通にあり、珈琲はいつなんどきでも飲めるようになったが、その半面、リヴァプールのホテルでは紅茶はティーバッグがテーブルに置いてあるだけで、お湯を入れて飲むという簡素な形態になっていたのはなんとも残念だった。珈琲はインスタントでもいいんだけれども。

というわけでホテルの朝食は、パンとソーセージと煎り卵と野菜と果物とジュースと紅茶と珈琲というオーソドックスなイングリッシュ・ブレックファーストにほとんど収まってしまうから、余計にカレーが恋しくなる。

さて、話はアビイ・ロードである。地下鉄でセント・ジョンズ・ウッド駅へと向かう。9時前に駅に着き、揃ってアビイ・ロード・スタジオ方面へと期待たっぷりに歩みを進めていく。まもなく聖地に、というところでこんなやりとりがあった。

「アビイ・ロードの横断歩道[33]を、JALの法被を着て渡ろう！」

これもお茶会を仕切るMさんの発案だったようだが、いろいろな意味ですごいアイデアだ。発案者のMさんも持参しなかったほど、同調する人はさすがに少なかったが、Kさんは律儀にもイギリスまで持ってきて、ちゃんと着て横断歩道を渡った。ボストン・プレイスで指を怪我したIさんと並び、「遊びは真面目に」を地で行くビートルズ流の行動だと感じ入った。

そして、ついに目の前にあの横断歩道が飛び込んできた。通勤時間のわりには、幸いにも、車も人も予想をはるかに超えて少ない。これなら撮影もうまくいきそうだ。井上さんはここで本職のカメラマンへと「転身」。横断歩道に向けてカメラを構える。私はというと、井上さんを除く18人を4人ペアにして、順に横断歩道へと送り出す役割だ。とはいえ、さすがは筋金入りのファンの集団。ジョンの位置がいいとか、ポールの位置がいいとか、いちいちこだわる人が出てくる。

33 アビイ・ロードの横断歩道

The Abbey Road Crossing
Abbey Road,NW8

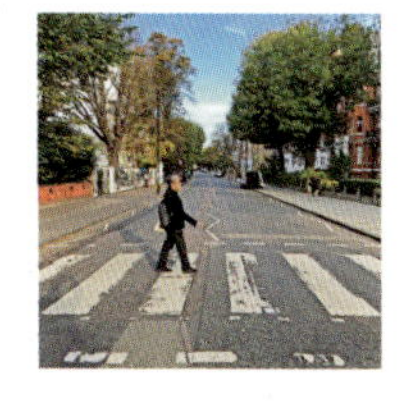

アビイ・ロードは、ロンドン中心部にある自治区カムデンとシティ・オブ・ウェストミンスターにまたがる全長約1.5キロメートルの幹線道路である。その道路のちょうど南端、最寄り駅セント・ジョンズ・ウッド駅から歩いて数分の場所にあの「横断歩道」がある。

69年7月1日からビートルズは連日EMIスタジオに入り、「自分たちの最後のアルバム」のレコーディングを行なっていた。主要部分をほぼ録り終え、アルバムの全体像が見えてきた8月8日金曜日の午前11時35分、いつもより3時間早くスタジオに集まった彼らは、EMIスタジオのすぐ横にある横断歩道でアルバム・ジャケット用の写真撮影に取りかかる。「スタジオの外で写真を撮って『アビイ・ロード』というタイトルにすればいい」というリンゴのアイデアをもとに、ポールが事前に「横断歩道を渡る4人の姿」をイラストに描いた。このイメージを具現化するためにジョンに呼ばれたのが、もともとはヨーコと親交が深かった写真家イアン・マクミラン(1938-2006)だった。彼は道路の真ん中に立てた脚立に上り、横断歩道を渡る4人を手早く撮影。サブ・カメラマンとしてリンダも現場にいたが、撮影はわずか10分で終了し、「歴史に残る1枚」がこうして生まれた。

(本書を含む)数多くのパロディ・ジャケットの元ネタとなった「世界で一番有名な横断歩道」は、2010年12月に英国の文化的歴史的遺産「グレードII」に指定されている。現在ある横断歩道は、交通事情により、30年以上前に、当初の位置から(EMIスタジオから遠ざかるように)数メートル南に移動されたものである。

井上さんがカメラを構えるなか、ツアー参加者が4人一組になり、シャッター・チャンスを窺いながら、それぞれ記念の一枚

シャッター・チャンスを窺う井上さんの合図とともに、私が「今です！」とか「どうぞ！」とか言って4人組を送り出す。第1組の先頭は、かのMさんだったが、どうもうまく足並みが揃わない。ジャケットと同じように撮りたいという意識が強いので、横断歩道の途中で止まって立ったまま、その場にずっといたくなるのだ。最初は特にそのあたりの按配がつかみにくい。アビイ・ロードの横断歩道とはいえ、横断歩道は横断歩道だ。どういう意味かというと、歩道の前に人が立ったら、渡るのかと思い、車は停まらざるを得ない。そういう決まりになっている。まだ4人が揃わないのに、先頭の人が横断歩道の前に立ってしまうと車がそこで停まってしまうため、アルバム『アビイ・ロード』のジャケットのように横断歩道の向こう側に車が停まっていない、という写真は必然的に撮れなくなるのだ。

そうこうしているうちに、温厚な井上さんの、これまでに耳にしたことがない絶叫が飛んできた——「先頭代われー！」

そんな珍しい光景にも出くわしたアビイ・ロードの「撮影会」も、

何とか4人一組の記念写真が出来上がって、安心である。

Kさんがここで「2人」のためにパロディ・ジャケットのカメラマンへと転身。まず岐阜のSさんのバッグをポールの愛犬に見立てて『ポール・イズ・ライヴ』(93年)のジャケットを再現。素晴らしい！　続いて私も横断歩道の中央あたりで数枚撮ってもらった。本書の表紙はそのうちの一枚だ。

横断歩道の刺激的で開放的な雰囲気を楽しんだ後、アビイ・ロード・スタジオ[34]も覗こうとしたが、今回は警戒が厳重で、駐車場にすら入れそうにない。2015年にスタジオの右手にオープンしたオフィシャル・ショップも、時間が取れずに断念した。Kさんの知り合いが日本で見ているというので、アビイ・ロード・スタジオの入口上部に設置されたウェブカメラに向かって手を振ることができたのも、いい思い出となった。

ロンドンの大きなハイライトのひとつでもあったアビ

Kさんの度胸のいい行動により、本書の表紙はこうして生まれた(提供：澤野晴彦氏)

Sさんは、バッグをポールの愛犬に見立て、『ポール・イズ・ライヴ』のジャケットを再現

イ・ロード巡りが終わり、セント・ジョンズ・ウッド駅に戻る。といっても、地下鉄にそのまま乗るわけではない。駅の近くに、**ポールの自宅［35］**があるのだ。緑の多い、静かで住みやすい環境だということが、歩いているだけですぐにわかる。東京で言うと、ちょっと田園調布っぽい高級感のあるイメージだ。88年に来た時にはポールの家の門は緑で、2008年は白。今回は茶色に塗り替えられていた。そういえば、最初に来た時にはポストに家具屋のダイレクト・メールが半分以上飛び出した形で突っ込まれていたので、つい記念に持って帰ってしまった（笑）。2008年の時はどこぞの業者が車でやって来たの

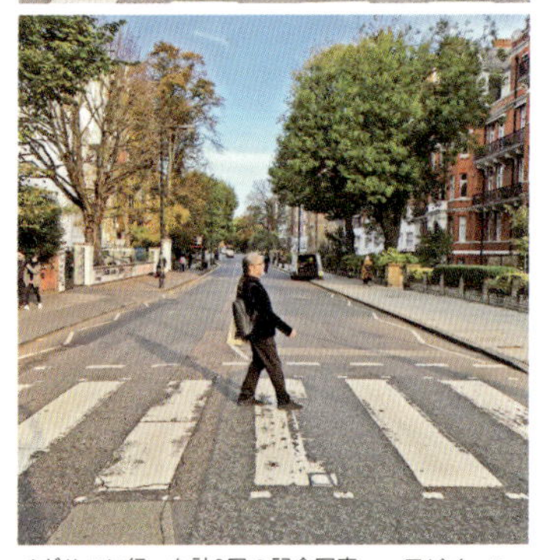

イギリスに行った計3回の記念写真――アビイ・ロードの30年。撮影は、上から1988年7月15日、2008年6月4日、2017年10月17日

★アルバム『アビイ・ロード』 The Beatles『Abbey Road』

ビートルズのラスト・レコーディング・アルバム。69年9月26日に発売され、英20週連続1位・米通算11週1位を記録した。未完成の曲をポールのアイデアでメドレー形式にまとめたB面を含めて、メンバーのソロ曲を強引に「ビートルズ」で括ったといえなくもない綱渡りのアルバム制作が垣間見られるようではあるが、その緊張感がかえって本作を魅力的な傑作に仕上げている。"ポール死亡説"の根拠ともされたスタジオ横の横断歩道を並んで渡る4人をあしらったジャケットは、ビートルズを知らない人にも有名。「やれることすべてをやり尽くして(左手にある)スタジオから去っていく4人の姿」と、象徴的に取ることもできる。

手を振ったのは、アビイ・ロード・スタジオの入口上部に設置されたこのウェブカメラ

34 アビイ・ロード・スタジオ

Abbey Road Studios
3 Abbey Road,NW8

アビイ・ロードのほぼ南端、3番地にあるアビイ・ロード・スタジオは、ビートルズ自身が使用していた69年までは「EMIスタジオ」という名称だった。しかしアルバム『アビイ・ロード』の発売によって全世界のファンがここをアビイ・ロード・スタジオと呼ぶようになったため、70年に名称を変更して現在に至る。もともとは1831年にジョージ王朝風建築のタウンハウスとして作られた建物をグラモフォン社(その後コロムビアと合併し、EMIが誕生)が購入してスタジオに改築、1931年11月12日にオープンした。

異なるサイズの3つのレコーディング・スタジオを持ち、最大の第1スタジオはクラシックや映画音楽のレコーディングに使われ、ビートルズが主に使用した第2スタジオと小ぶりな第3スタジオはロックやポップスなど、幅広いジャンルのレコーディング・スタジオとして機能している。ビートルズはオフィシャル全213曲中200曲以上をここで録音しているが、初のレコーディングは62年6月6日(この時のドラマーはピート・ベスト)、4人揃っての最後のレコーディングは69年8月20日。そして70年4月1日にリンゴのみ立会いのもと、「アクロス・ザ・ユニバース」「ロング・アンド・ワインディング・ロード」「アイ・ミー・マイン」の3曲にオーケストラとコーラスをオーヴァーダビングしたのがビートルズとしての最後の録音となった。ロンドンでのビートルズの「聖地巡礼」としては、アップル・ビルや横断歩道と並ぶ最大の目玉のひとつである。2015年11月にはスタジオの右手に、ここでしか買えないオリジナル商品を扱うオフィシャル・ショップもオープンした。

ポールの自宅をみんなで取り囲む（提供：岩堀 敬氏）　右下／88年に訪れた時は、家の門が緑色だった
右上／ポールの自宅の斜向かいにある、ビリー・フューリーが住んでいた家

で、運良く門が開いて中の建物もしっかり見ることができた。今回はどうかというと、特に刺激的な出来事はなく、閑静な住宅街を散歩気分で楽しんだ。

これも知らなかったことだが、ポールの自宅の斜向かいにビリー・フューリーが住んでいた自宅があり、それを証明するプレートも設置されていた。ビリー・フューリーは、ビートルズが60年5月にスコットランド・ツアー用のバック・バンドのオーディションを受けた際のメイン・ヴォーカリストだったロックンロール・スターで、ジョンがサインをもらっている写真も残されているほどの人気者でもあった（スコットランドには結局ジョニー・ジェントルのバック・バンドで行くことになった）。この数日後に、リヴァプールでビリー・フューリーの銅像を拝む機会に恵まれるとは、やはりこの時はまったく思ってもいなかった。

35 ポールの自宅

Paul's House (London)
7 Cavendish Avenue,NW8

63年末からアッシャー家に住んでいたポールは、65年3月(4月説もあり)、EMIスタジオや最寄り駅セント・ジョンズ・ウッドから徒歩数分のキャヴェンディッシュ・アヴェニュー7番地の3階建ての家を約4万ポンドで購入(現在も所有中)。売主はデズモンド・オニールという医学博士。改装工事後、実際にポールとジェーンがこの家に引っ越してきたのは66年3月(8月説もあり)。しかし、ここに移り住んだことが2人の破局の遠因になってしまう。ポール以外のメンバー全員が郊外へと引っ越すなか、スタジオにも近いこの家は、レコーディング前後の4人のたまり場となる。ほかにもさまざまなミュージシャンや芸術家仲間が入り浸り、67年にはポールのLSD服用が常態化していく(ジェーンは服用せず)。さらに彼女を悩ませたのは常に自宅の周りにあふれる女性ファンで、中には風呂場の窓から家の中に侵入する者まで現れた(この1件は後に「シー・ケイム・イン・スルー・ザ・バスルーム・ウインドー」の題材となる)。67年12月25日に婚約を発表した2人だったが、68年6月8日にポールとアメリカ人女性フランシー・シュワルツとの浮気現場にジェーンが鉢合わせ。そのまま家を飛び出したジェーンは、7月20日に一方的に婚約破棄を公表。ポールがリンダと結婚したのはそれから約8ヵ月後の69年3月12日のことだった。

この家では多くの写真も撮影されており、68年7月28日の「マッド・デイ・アウト」と呼ばれるフォト・セッション、ジョン・ケリーによるアルバム『ザ・ビートルズ(ホワイト・アルバム)』封入のポールのポートレイト、69年4月のリンダ撮影によるヨーコも含めたフォト・セッションなどがある。

ビリー・フューリー
Billy Fury

リヴァプールのディングル地区に生まれ、セント・サイラス小学校ではリンゴと同級生だったビリー・フューリー(1940-1983)は、クリフ・リチャード、マーティー・ワイルドとともに、イギリス・ロック御三家の1人として知られていた。59年にデッカからデビューするなり大ヒットを連発し、60年代前半に一世を風靡した。60年5月10日、当時バック・バンドを探していたビリーはマネージャーとともにリヴァプールでオーディションを開催する。場所はパブ「ワイヴァーン・ソーシャル・クラブ(のちのブルー・エンジェル)」だった。このオーディションに参加していたのが、ピート・ベスト加入前の「シルヴァー・ビートルズ」。結果は、(当時ベースを習いたてだった) スチュアート・サトクリフをメンバーから外すならOK、という返事だった。ジョンがこの申し出を断ったことにより、後々ビリーは「ビートルズを見出せなかった男」というレッテルを貼られてしまう。そして70年代前半、すでに半ば引退状態になっていたビリーは、ザ・フーのキース・ムーンが脚本・製作に関わったイギリス映画『マイウェイ・マイラブ(原題: That'll Be The Day)』(73年4月12日公開)でリンゴとの共演を果たした。

ロンドン3日目の旅は、団体行動はこれで終了。前日にあれだけ歩いたので、今日はちょっと骨休め&フリー・タイムということで、一旦ホテルへと戻る。今回のツアーではフリー・タイムは要らないという方も案外多く、「普通の観光」よりも「ゆかりの地」を皆さん最優先して臨んでいることがわかる。というわけで、自由行動といっても、特に行くあてのない方は、昨日行ったマダム・タッソー蝋人形館の近く、ベイカー・ストリートにあるロンドンのビートルズ・ショップ「London Beatles Store」に井上さんの先導で行ったり、ホテルで休んだりと、思うままにロンドンの空気を吸う時間となった。

さてどこに行こうか。今回のツアーで予定に入っている場所以外に、特に行きたいところがひとつあった。ビートルズが66年に「ペイパーバック・ライター」と「レイン」のプロモーション・ヴィデオを撮影したチズウィック・ハウス[36]だ。そうしたら、関西の（最年少の）

36　チズウィック・ハウス（・アンド・ガーデンズ）
Chiswick House (And Gardens)
Burlington Lane,W4

チズウィック・ハウスは、西ロンドンに現存する1729年に完成したイタリア建築の建物（ヴィラ）で、設計は第3代バーリントン伯爵リチャード・ボイル（1694-1753）。広大な庭園の大半は、建築家で造園家のウィリアム・ケント（1685-1748）によるもの。イギリス式庭園の初期の代表作のひとつであることから、しばしば「チズウィック・ハウス・アンド・ガーデンズ」とセットで呼称される。1813年には全長96メートルの巨大な温室が建てられ、その周りにはイタリア風幾何学模様の庭園が造られた。19世紀には精神病院の収容棟、20世紀に入ってからは消防署として使用されていた時期もあったが、現在はイギリスの指定建造物「グレードⅠ」に登録されており、庭園は午前7時から夕暮れまで無償で一般公開されている（ハウスへの入場は有料）。ビートルズ・ファンにとっては、シングル「ペイパーバック・ライター」「レイン」のプロモーション・ヴィデオのロケ地としてお馴染みの場所である。

OさんとMさんが行ければ行きたいというので、希望者を募り、最終的にKさんとの4人で行くことになった。

ここでも面白い縁があった。ちょうどホテルに戻る時間に井上さんが、ロンドン在住の旧知の知り合いでもある清水晶子さんとホテルで待ち合わせているという。清水さんは私がCDジャーナルにいた時に、海外のミュージシャンのインタビュー記事の翻訳などでお世話になった方でもあった。ロンドン在住なので、お会いしたことがなく、お名前しか存じ上げていなかったが、井上さんとご一緒にホテルで会うことになった。話をしていて、これからチズウィック・ハウスに行く予定だとお伝えしたところ、清水さんはチズウィックに住んでいるという。それで、降りる駅だけでなく、乗るバスまで教えていただいた。行き方がちょっとわかりにくかったので、とてもありがたいアドバイスだった。

チズウィック・ハウスは、行くまではロンドンの郊外でちょっと遠いかと思っていたが、グロスター・ロード駅から6駅先のターナム・グリーン駅で降り、そこからバスでせいぜい15分ぐらいだっただろうか。この時に乗ったのは、ロンドン名物の2階建てバスである。2008年

ロンドン・バス
The London Bus

ロンドンといえば、何といっても「真っ赤な2階建てバス」である。現在のロンドン・バスはロンドン交通局付の「ロンドン・バス会社」がロンドン市内で運営し、実際の運行は複数の民間運行会社に任されている。路線数約670（番号は900番台まであり）、停留所数約1万9000ヵ所は世界最大規模。市内では約8000台のバスが運行し、乗客数は週600万人を数える。ほとんどは2階建て車両（ダブルデッカー）だが、状況に応じて平屋のバス（シングルデッキ）も運行されている。ちなみに日本の法律では、バスの車高は3.8メートル（高速バスなど、特例でも4.1メートル）以下と定められているため、約4.4メートルの車高があるロンドンのダブルデッカーをそのまま日本で走らせることはできない。

「ビートルズごっこ」が思う存分楽しめるチズウィックにて。まずはEP『ひとりぼっちのあいつ』のジャケットを再現

には「マジカル・ミステリー・バス」ツアーで一度体験済みではあったが、普通に走る2階建てバスの、特に2階に座った時の心地好さといったらない。一服はできないけれど、「ア・デイ・イン・ザ・ライフ」の歌詞を追体験したような気分にちょっとだけなった。

清水さんから聞いていたバス停で降り、パッとあたりを見渡してみたが、どっちなのか、すぐにはわからない。ちょっとウロウロしつつ、「まあこっちだろう」と歩き出したら、わりとすぐに入口が見つかった。時刻は11時半過ぎだった。

まず入り口の案内図でだいたいの場所を探してみる。いくつもありそうな正門を入ると、やや斜め左手に広がる緑の庭園。近づくにつれ、「ここかな？」という思いが「ここだ！」という確信に変わる。

ついに来ました、「ひとりぼっちのあいつ」のイギリス盤EPのジャケットと同じ場所へ！——これが正しいビートルズマニアの反応だろう。顔を右に向けると、「ペイパーバック・ライター」のプロモーション・ヴィデオの一場面が即座に浮かんでくる。

「来られてよかった」

しばらくの間、感慨に耽りつつ、早速「ビートルズごっこ〜チズウィック編」の開始だ。まずは「ひとりぼっちのあいつ」のEPのジャケットと同じポーズで、Kさん・Oさん・Mさんと交互に写真を撮りあう。続いて石像が立ち並ぶ前に移動し、「ペイパーバック・ライター」の演奏シーンの再現を、ガイドブック片手に「ああでもない、こうでもない」となるべく似た構図になるように時間をかけて行なう。手の位置や顔の向きなども含めて丹念に。

満足のいく写真が撮れたので、次は「レイン」のプロモーション・ヴィデオのロケ地（Conservatory）へと移動する。1人でしゃがみ込むリンゴの真似をしようと、KさんとOさんが嬉々として生贄になりながら（？）かな

★シングル「ペイパーバック・ライター」
The Beatles「Paperback Writer」

12枚目のオリジナル・シングルとして66年6月10日に発売され、英米1位を記録。ポールが弾くエピフォン・カジノによるイントロのギター、ビーチ・ボーイズのブライアン・ウィルソンに影響を受けたという動きまくるベース、そして何層にも重なったポール、ジョン、ジョージによるコーラス——。手紙の文面をそのまま歌詞にするという試みも含めて斬新な曲である。プロモーション・ヴィデオは66年5月19日にEMIスタジオ、5月20日にチズウィック・ハウスにて撮影された。監督はマイケル・リンゼイ＝ホッグ。ポールは65年12月26日にリヴァプールで起こしたバイク転倒事故により前歯が欠けている（約1ヵ月後、日本公演の時には治療済み）。チズウィックでは彫刻広場、温室内などで撮影が行なわれ、現在でもロケ場所は、当時のままの面影を残している。

続いて「ペイパーバック・ライター」のヴィデオの一場面を、“エア・ギター”とともに綿密になぞる

最後に「レイン」のヴィデオの一場面の中から、リンゴの“アカン”ポーズを必死に真似る（提供：岡田理世氏〈中〉）

★シングル「レイン」
The Beatles「Rain」

「ペイパーバック・ライター」のB面曲として発表されたが、曲の完成度は高く、中期のジョンのベストといってもいい仕上がり。エンディングのヴォーカルの逆回転も革新的だ。プロモーション・ヴィディオは「ペイパーバック・ライター」と同じ日程、同じ監督で撮影。チズウィックでは、北門からリンゴが歩いていくシーン、ヒマラヤ杉の前で歌うシーン、温室の中を歩きまわるシーンなどが撮影された。ロケに同行していたカメラマンのロバート・ウィテカーが撮影したヒマラヤ杉での4人の写真が、66年7月8日に発売されたEP『ひとりぼっちのあいつ』のジャケットに使われているが、この場所も当時とほとんど変わっていない。

りきわどい写真を、同じく楽しみながらじっくり撮影。犬を散歩させている人はそこそこ見かけたものの、ほとんど人がいなかったのも幸いし、かなり好き勝手に楽しめて、これも今回のツアーの大きな思い出となった。

ターナム・グリーン駅まで、再び2階建てバスで戻る。来る途中にハマースミス駅があるのがわかったので、ここでOさん・Mさんと別れ、Kさんと2人で「ハマースミス・オデオンを探す旅」に出ることにした。

駅に着いたらもう2時近くになっていたので、どこかでまずは腹ごしらえをしようと思っていたら、前日にKさんに聞いた話を思い出した——「『わさび』[37]という名前の和食レストランがロンドンのあちこちにあり、ニューヨークにもあったので食べてみたら、ご飯が特に

37　わさび
wasabi sushi & bento
43 King Street,W6 9HW

73年生まれの韓国人実業家キム・ドンヒョンが2003年に創業した和食専門のファーストフード・レストラン。日本で学んだ「健康食としての和食」と「きれいで清潔な店舗づくり」のノウハウを元にロンドン市内を中心に多店舗展開を開始。2018年5月現在、イギリス国内とニューヨークに合計54店舗を展開。…と解説はしたものの、ビートルズとは何の関係もない。ジョンは「わび」と「さび」は好きだったようだけれども。

イギリスでの初カレー。味はいかに？

すごく不味かった」と。たしかに、パッと見てすぐに覚えられる名前なので、ロンドンでも何店か見かけていた。そうしたらハマースミスにも「わさび」があった。

「どれだけ不味いか、入ってみましょう（笑）」

ということで、駅近くの「わさび」へ。すべてセルフ・サービスで、いろいろ見てみると、丼物もけっこうある。しかもカレーまで。寿司は、見るからに機械で適当に握ったような代物である。迷わずカレーを手に取る。ついでに、なんだかでかいタピオカ入りの「バブルティー」という不可思議な飲料も頼んでみた。握りはKさんが分けてくれたが、どうやらニューヨークよりはまともだったようだ。イギリスでの初カレーがこれでいいのかというのはさておき、まあ、食べられただけで幸せ、ということで。

腹ごしらえをし、駅を背にしばらく歩くと、わりとすぐに**ハマースミス・オデオン**［38］が見つかった。現在は「イベンティム・アポロ」と改称され、ライヴよりも演劇の興行のほうが多い印象を受けた。ハマースミス・オデ

ハマースミス・オデオンの「裏口の非常階段」を探す旅

38　ハマースミス・オデオン

Hammersmith Odeon
Queen Caroline Street,W6

62年から92年までの30年間「ハマースミス・オデオン」と呼ばれていたこのホールは、もともとは映画館「ゴーモン・パレス・シネマ」として1932年3月28日にオープンした。60年代以降はライヴの殿堂として、ビートルズ、ローリング・ストーンズ、ピンク・フロイド、クイーン、エルトン・ジョン、デヴィッド・ボウイ、ビーチ・ボーイズ、ビリー・ジョエルなど、多数のビッグ・アーティストが公演を行なっており、80年10月には日本のYMOもここで演奏した。

ビートルズは64年4月22日、裏口の非常階段で映画『ハード・デイズ・ナイト』のロケを行ない、劇中では「キャント・バイ・ミー・ラヴ」のシーンで使用された。その後、12月24日から翌年1月16日にかけては、「アナザー・クリスマス・ショー」のタイトルで、寸劇を含めた1日2回公演・全38ステージをこなした。この公演にはヤードバーズも出演しており、ジョージとエリック・クラプトンの親交はここから始まっている。さらに65年12月10日には、最後のイギリス・ツアーの一環として、1日2回の公演を行なった。

解散後、ポールは何度もここでライヴを行なっているが、最も有名なのは79年12月の「カンボジア難民救済コンサート」だろう。リンゴも92年7月7日、自身の52歳の誕生日に第2期オール・スター・バンドとしてここで公演を行なっている。現在の座席数は3632、スタンディングの場合は5039。過去にスポンサーが変わるたびに何度も名称が変更されており、2018年5月現在は「イベンティム・アポロ」と呼ばれている。

オンは、映画『ハード・デイズ・ナイト』に裏口の非常階段が出てくるほか、64年12月にビートルズが「アナザー・クリスマス・ショー」を開催したことでも知られ

カンボジア難民救済コンサート

Concerts For The People Of Kampuchea

79年12月26日からの4日間、ワルトハイム国連事務総長の協力のもと、ポールの主導によってハマースミス・オデオンで開催されたチャリティ・コンサート。初日の出演はクイーン、2日目はイアン・デューリー&ザ・ブロックヘッズ、マトゥンビ、クラッシュ、3日目はプリテンダーズ、スペシャルズ、ザ・フー、最終日にはエルヴィス・コステロ、ロックパイル、そしてウイングスが出演し、コンサートのトリを務めたのは、ウイングスのアルバム『バック・トゥ・ジ・エッグ』で実現した"ロック版オーケストラ"ロケストラだった。総勢20名以上のミュージシャンが参加し、「ルシール」「レット・イット・ビー」「ロケストラのテーマ」を演奏、圧巻のステージとなった。

上／ハマースミスで見つけたこんな店
下／ススキのお化けのようなやつ

ているが、それ以外では、ウイングスがトリをつとめた79年の「カンボジア難民救済コンサート」の開催場所として有名だ。

またKさんは、ビートルズの前にはYMOのファンだったそうで、ハマースミス・オデオンはYMOがロンドン公演をやった場所として思い出深く、来られてよかったと喜んでいた。裏口の非常階段も必死に探してみたが、「あそこかな？」と思える場所はあったものの、通用口がすべて閉まっていたため敷地内に入れず、特定できずに終わった。次回はリベンジしたい。

この後はホテルに戻るまで特に予定はなかったため、Kさんとハマースミスの町を探索することにした。「RINGO」という名前のデリカテッセン&ピザ屋があったり、パンパスグラス（シロガネヨシ）というススキのお化けみたいなやつに遭遇したりしながら、ゆかりの地を離れてちょいと一息。そこそこ歩いた後は、三たび2階建てバスに一緒に乗り、世間話を楽しみながら「ちょっと紅茶でも飲みましょう」ということで、買い物ついでにフォートナム&メイソン［39］へ。

39 フォートナム&メイソン

Fortnum & Mason
181 Piccadilly, London,W1A 1ER

ピカデリー181番地に荘厳な佇まいを見せる百貨店がフォートナム&メイソンの本店。店舗壁面には64年に設置された有名なからくり時計があり、ビッグ・ベンと同じ鋳造工場で作られた18個の鐘が15分おきに心地よい音色を奏でている。店内にはレストランも併設され、淹れたての紅茶や軽食などが楽しめる。サヴィル・ロウのアップル・ビルから歩いて数分の距離にあり、ビートルズも日用品を購入するためにここを利用していたという。84年11月には従業員の提案により、ポールも参加したシングル「ドゥ・ゼイ・ノウ・イッツ・クリスマス」を販売したことが大きなニュースとなった。フォートナム&メイソンでレコードを取り扱ったのは、後にも先にもこの1回だけである。

井上さんのグループは、ビートルズ・ショップに行った後、このちょっと前にフォートナム&メイソンで紅茶とスコーンを楽しんでいたと後で聞いた。店員の英語がはっきりした「クイーンズ・イングリッシュ」だったのが印象的で、紅茶は、こんなふうに書くと元も子もない

ロンドンの夜景に映えるビッグ・ベン

40　ビッグ・ベン

Big Ben
Bridge St,Westminster,SW1A 2PW

世界遺産に指定されているビッグ・ベンは、ロンドン中心部にある国会議事堂（正式名称はウェストミンスター宮殿）に併設した時計塔の「大時鐘」につけられた愛称だが、現在では鐘、大時計、時計塔すべての名称として使われている。命名の由来は、工事責任者だった大男のサー・ベンジャミン・ホールの名にちなんだという説が有力。ゴシック復興様式で建設された時計塔が完成したのは1859年5月31日。この鐘が初めて鳴らされたのは1859年7月11日である。毎日正午に奏でられるビッグ・ベンの鐘のメロディは、正式な曲名を「ウェストミンスターの鐘」と言い、日本の学校のチャイムの元になったといわれている。2017年8月21日から約4年にわたる改修工事がスタートし、その間は鐘も止められている。

ビートルズとの直接の関わりは薄いが、映画『ヘルプ！』『イエロー・サブマリン』『ヤァ！ ブロード・ストリート』の中で一瞬だけ映るほか、“The Houses Of Parliament”（国会議事堂）とその中にある“The House Of Lords”（上院）がそれぞれ「ジュニアズ・ファーム」（ウイングス）と「ア・デイ・イン・ザ・ライフ」の歌詞に登場している。

けれど、2008年にスーパーで買ったティーバッグのほうが味はさておき感動は大きかった。

7時にホテルに戻り、夜は希望者のみビッグ・ベン［40］やテムズ川周辺を散歩がてら楽しむことになった。希望者といっても、ほとんどの顔ぶれが揃った。2017年から改修工事が始まったビッグ・ベンは、ロンドンの夜景に最も映えるので、

カイリの党首に扮するお茶目なIさん

ここもまた、写真の撮り甲斐がある名所だと改めて実感した。風を感じながら川沿いをゆったり歩いていると、「ビートルズゆかりの地ツアー」が目的だとはいえ、ロンドンの観光らしい観光もやはりすばらしいと思った。

しばらく歩くと、いかにもロンドンならではの赤い電話ボックスが目についた。この電話ボックスは、ビッグ・ベン周辺にあるゆかりの地として、マニアにはよく知られている。どんなゆかりがあるかというと、**映画『ヘルプ!』**で主役のリンゴが、この電話ボックスから悪党カイリの党首に弓矢で狙われたのだ。早速、Iさんがカイリの党首に扮してパチリ。さすがである。

川沿いでのんびりくつろいだ後は、ゆかりの地をさらに少し巡る。まずは63年1月にBBCラジオの『サタデイ・クラブ』ほか13回出演した**プレイハウス・シアター**〔41〕である。ファンも入れての公開録音も多く、63年10月の「ビートルマニア」出現以前には、4人がまだわりと気ままにロンドンの街並みを楽しめた雰囲気が伝わってくる。

次に向かったのは、プレイハウス・シアターでの演奏後に4人も頻繁に顔を出したという**ザ・シャーロック・ホームズ**〔42〕という名のパブだ。すでに夜の10時をまわっていたが、これは入るしかないだろう。シャーロック・ホームズ・マニアは必見のパブだが、ビートルズ・ファンにも見逃せない場所だ。パブで飲むビールは、やはり格別である。

ロンドン3日目は、ほろ酔い気分で終了。前日のめまぐるしい展開とは打って変わって、アビイ・ロードとチズウィック・ハウスを中心に、観光も兼ねてのんびりゆったり楽しんだ1日となった。

★映画『ヘルプ!』
The Beatles『Help!』

ビートルズが"商売になる"ことがわかった後に製作された2作目の主演映画。前作は予算が56万ドルのモノクロ映像だったが、今作は予算150万ドルのフル・カラーとなり、バハマやオーストリアなど海外ロケも行なわれた。「台詞を少なくし、スラップスティックなアクション・シーンを増やし、リンゴを主役にする」というプロデューサーのウォルター・シェンソンの要望を受けた監督のリチャード・レスターは、007シリーズを意識した、リンゴのリング(指輪)を狙う悪党一味とのドタバタ喜劇仕立ての映画にした。

41 プレイハウス・シアター

Playhouse Theatre
Northumberland Avenue,WC2

トラファルガー広場に程近いノーサンバーランド・アヴェニューにあるプレイハウス・シアターは、1882年3月11日にオープンした劇場である(現在の客席数は786)。当初はコメディや演劇などが上演されていたが、1907年に大きく改装され、51年から76年まではBBCのライヴ・パフォーマンスのレコーディング・スタジオとして使用された。ビートルズの初出演は63年1月22日。この日は朝から(1キロメートルも離れていない)BBCパリス・スタジオとこのシアターを何度も往復する忙しさで、16時から17時に『サタデイ・クラブ』の初収録をここで行なった。それ以降、64年1月までの13ヵ月でBBCの番組収録を合計13回(うち公開録音は5回)行なっており、これは他のどの場所よりも多い最多記録となっている。ポールは89年7月26日・27日の2日間、約10年ぶりの再開となるワールド・ツアーに先駆けて、ここで公開リハーサルを行なっている。

42 ザ・シャーロック・ホームズ

The Sherlock Holmes
10-11 Northumberland Street,WC2

プレイハウス・シアターから徒歩1分の距離にあるザ・シャーロック・ホームズは、その名の通り(作家アーサー・コナン・ドイルが生んだ架空の探偵)シャーロック・ホームズにちなんだテーマ・パブである。もともとはノーサンバーランド・ホテルとして1880年代にオープン。1階のパブ内部にはホームズゆかりの品が所狭しと飾られ、2階には、ホームズとワトスンが共同生活を送った「ベイカー・ストリート221B」の書斎が再現されており、「シャーロック・ホームズ博物館」と並び、世界中のシャーロキアンにとってはマストな観光スポットとなっている。ビートルズもプレイハウス・シアターでの収録があった際には、このパブによく立ち寄っていた。

リヴァプール

Liverpool

10.18 - 20

リヴァプール中心部
HM Passport Office Liverpool
Pall Mall
Hatton Garden
Tithebarn St.
Old Hall St.
New Quay
Moorfields
47 ザ・ビートルズ・ショップ The Beatles Shop 31 Mathew Street, Liverpool,L1 6RE
グレイプス The Grapes Pub 49 25 Mathew Street,Liverpool,L2 6RE
マシュー・ストリート Mathew Street Mathew Street,Liverpool,L2 6RE
White Chapel
Victoria St.
Dale St.
リヴァプール・タウン・ホール Liverpool Town Hall 74 Water Street,Liverpool,L2 3SW
エリナー・リグビー像 Eleanor Rigby Statu 72 Stanley Street, Liverpool,L1 6AA
■The MetQuarter
Water St.
ウォール・オブ・フェイム 52 Wall Of Fame
ライバー・バード (ロイヤル・ライバー・ビルディング) Liver Bird(Royal Liver Building) Liverpool Waterfront,Liverpool,L3 1HU 78
ジョン・レノンの像 53 John Lennon Statue
46 50 51 54 48 69 71
Basnett St.
James St.
ハード・デイズ・ナイト・ホテル Hard Day's Night Hotel Central Buildings,North John Street,Liverpool,L2 6RR
Lord St.
■British Music Experience
Liverpool James St.
キャヴァーン・クラブ Cavern Club 10 Mathew Street,Liverpool,L2
Church St
Paradice St.
77 ビートルズ像 The Beatles Statue Pier Head,Liverpool,L3 1BY
フェリーターミナル
シラ・ブラックの像 Cilla Black Statue
ホワイト・スター White Star Pub 2-4 Rainford Gardens,Liverpool,L2 6PT
Strand St.
ヘシーズ・ミュージック・センター 70 Hessy's Music Centre 62 Stanley Street,Liverpool,L1 6DS
Hanover St
114 リヴァプール博物館 Museum Of Liverpool Pier Head,Liverpool Waterfront, Liverpool,L3 1DG
ネムズ・レコード・ショップ NEMS Record Shop & Offices 12-14 Whitechapel,Liverpool,L1 6DZ
ラッシュワース・ミュージック・ハウス Rushworth's Music House Whitechapel,Liverpool,L1 1HQ
Canning Pl.
Duke St.
Henry St.
Argyle St.
警察署
Hartley Quay
Salthouse Quay
Gilbert St
Strand St.
Upper Frederick St
Park Ln.
73 アルバート・ドック Albert Dock 34 The Colonnades,Liverpool L3 4AA
76 マージー川 River Mersey
75 ビートルズ・ストーリー The Beatles Story Britannia Vaults,Albert Dock,Liverpool,L3 4AD
Cornhill
Gower St.
Keel Wharf
Kings Parade
Sparling St.
BALTIC TRIANGLE
ACC Liverpool
Blundell St.
Strand St.
Queens Wharf

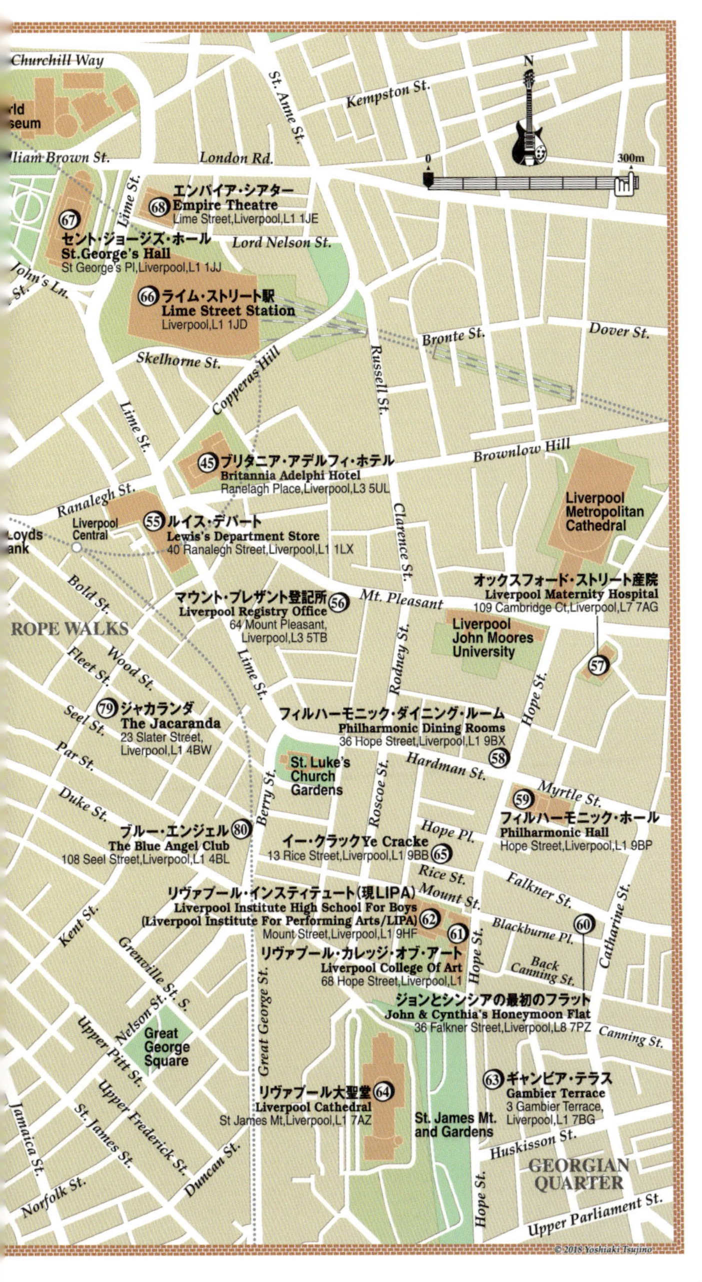

Churchill Way
rld
seum
lliam Brown St.
London Rd.
St. Anne St.
Kempston St.
N
0
300m
Lime St.
68 エンパイア・シアター
Empire Theatre
Lime Street,Liverpool,L1 1JE
67 セント・ジョージズ・ホール
St.George's Hall
St George's Pl,Liverpool,L1 1JJ
Lord Nelson St.
John's Ln.
St.
66 ライム・ストリート駅
Lime Street Station
Liverpool,L1 1JD
Skelhorne St.
Copperas Hill
Russell St.
Bronte St.
Dover St.
Lime St.
45 ブリタニア・アデルフィ・ホテル
Britannia Adelphi Hotel
Ranelagh Place,Liverpool,L3 5UL
Brownlow Hill
Ranelagh St.
Liverpool Central
Loyds
ank
55 ルイス・デパート
Lewis's Department Store
40 Ranalegh Street,Liverpool,L1 1LX
Clarence St.
Liverpool Metropolitan Cathedral
オックスフォード・ストリート産院
Liverpool Maternity Hospital
109 Cambridge Ct,Liverpool,L7 7AG
57
Bold St.
ROPE WALKS
56 マウント・プレザント登記所
Liverpool Registry Office
64 Mount Pleasant, Liverpool,L3 5TB
Mt. Pleasant
Liverpool John Moores University
Rodney St.
Hope St.
Fleet St.
Wood St.
Lime St.
79 ジャカランダ
The Jacaranda
23 Slater Street, Liverpool,L1 4BW
Seel St.
Par St.
フィルハーモニック・ダイニング・ルーム
Philharmonic Dining Rooms
36 Hope Street,Liverpool,L1 9BX
58
Hardman St.
St. Luke's Church Gardens
Berry St.
Roscoe St.
Myrtle St.
59 フィルハーモニック・ホール
Philharmonic Hall
Hope Street,Liverpool,L1 9BP
Duke St.
ブルー・エンジェル 80
The Blue Angel Club
108 Seel Street,Liverpool,L1 4BL
イー・クラック Ye Cracke
13 Rice Street,Liverpool,L1 9BB 65
Hope Pl.
Rice St.
Falkner St.
Mount St.
リヴァプール・インスティテュート(現LIPA)
Liverpool Institute High School For Boys
(Liverpool Institute For Performing Arts/LIPA) 62
Mount Street,Liverpool,L1 9HF
61
Blackburne Pl.
60
Catharine St.
Kent St.
Grenville St. S.
リヴァプール・カレッジ・オブ・アート
Liverpool College Of Art
68 Hope Street,Liverpool,L1
Hope St.
Back Canning St.
ジョンとシンシアの最初のフラット
John & Cynthia's Honeymoon Flat
36 Falkner Street,Liverpool,L8 7PZ
Canning St.
Nelson St.
Great George Square
Great George St.
Upper Pitt St.
Upper Frederick St.
St. James St.
Jamaica St.
リヴァプール大聖堂 64
Liverpool Cathedral
St James Mt,Liverpool,L1 7AZ
St. James Mt. and Gardens
63 ギャンビア・テラス
Gambier Terrace
3 Gambier Terrace, Liverpool,L1 7BG
Huskisson St.
GEORGIAN QUARTER
Duncan St.
Norfolk St.
Hope St.
Upper Parliament St.
© 2018 Yoshiaki Tsujino

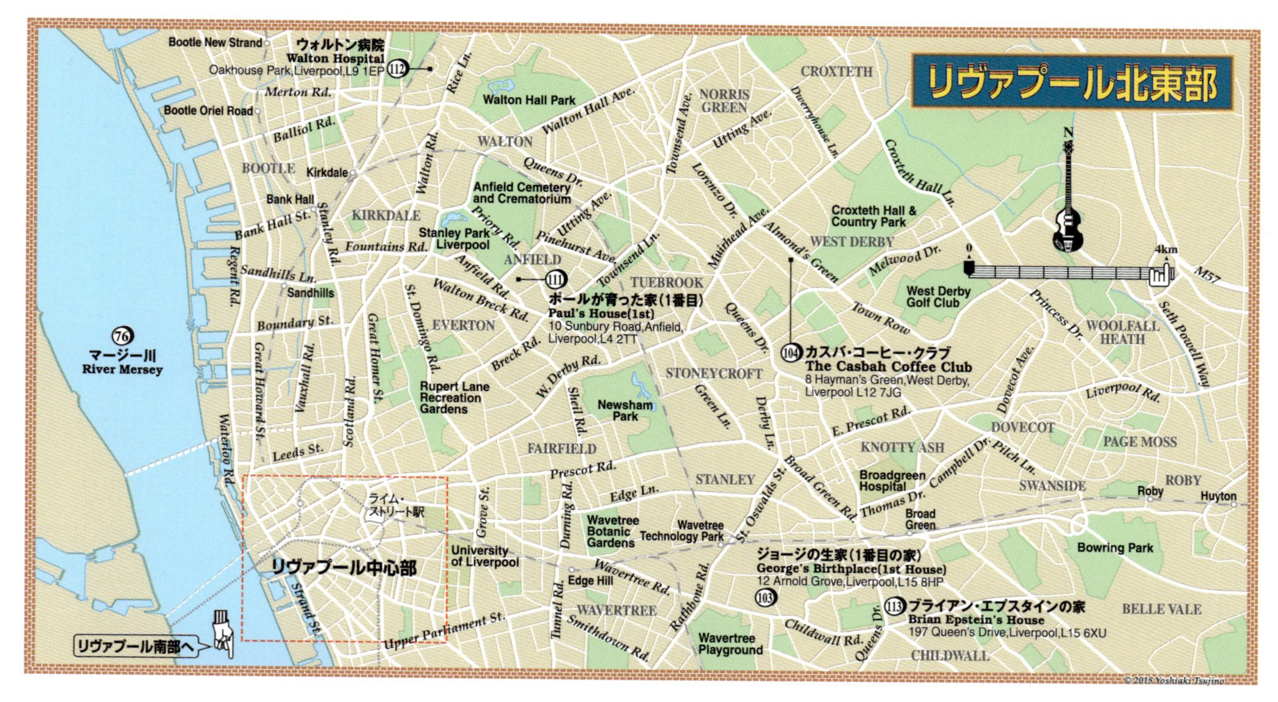

リヴァプール北東部
N
0
4km
M57
Seth Powell Way
Huyton
ROBY
Roby
BELLE VALE
Bowring Park
WOOLFALL HEATH
PAGE MOSS
Liverpool Rd.
Princess Dr.
Dovecot Ave.
DOVECOT
SWANSIDE
Pilch Ln.
Campbell Dr.
CHILDWALL
113 ブライアン・エプスタインの家
Brian Epstein's House
197 Queen's Drive,Liverpool,L15 6XU
Queens Dr.
Childwall Rd.
West Derby Golf Club
Melwood Dr.
Croxteth Hall Ln.
Croxteth Hall & Country Park
WEST DERBY
Town Row
104 カスバ・コーヒー・クラブ
The Casbah Coffee Club
8 Hayman's Green,West Derby, Liverpool L12 7JG
KNOTTY ASH
E. Prescot Rd.
Broadgreen Hospital
Thomas Dr.
Broad Green
Broad Green Rd.
ジョージの生家（1番目の家）
George's Birthplace(1st House)
12 Arnold Grove,Liverpool,L15 8HP
103
CROXTETH
Dwerryhouse Ln.
Almond's Green
Muirhead Ave.
Lorenzo Dr.
Queens Dr.
Derby Ln.
St. Oswalds St.
STONEYCROFT
Green Ln.
STANLEY
Wavertree Technology Park
Rathbone Rd.
Wavertree Playground
NORRIS GREEN
Utting Ave.
Townsend Ave.
TUEBROOK
ポールが育った家（1番目）
Paul's House(1st)
10 Sunbury Road,Anfield, Liverpool,L4 2TT
111
Townsend Ln.
Newsham Park
Edge Ln.
Wavertree Botanic Gardens
Wavertree Rd.
WAVERTREE
Smithdown Rd.
Edge Hill
Walton Hall Ave.
Walton Hall Park
Queens Dr.
Anfield Cemetery and Crematorium
Utting Ave.
Pinehurst Ave.
ANFIELD
W. Derby Rd.
Sheil Rd.
FAIRFIELD
Prescot Rd.
Durning Rd.
Tunnel Rd.
WALTON
Priory Rd.
Anfield Rd.
Walton Breck Rd.
Breck Rd.
EVERTON
Rupert Lane Recreation Gardens
Grove St.
University of Liverpool
Upper Parliament St.
Rice Ln.
Walton Rd.
Stanley Park Liverpool
St. Domingo Rd.
112 ウォルトン病院
Walton Hospital
Oakhouse Park,Liverpool,L9 1EP
KIRKDALE
Fountains Rd.
Great Homer St.
Scotland Rd.
ライム・ストリート駅
リヴァプール中心部
Merton Rd.
Balliol Rd.
Kirkdale
Stanley Rd.
Bank Hall
Bank Hall St.
Sandhills Ln.
Sandhills
Boundary St.
Vauxhall Rd.
Leeds St.
Strand St.
Bootle New Strand
BOOTLE
Bootle Oriel Road
Regent Rd.
Great Howard St.
Waterloo Rd.
76 マージー川
River Mersey
リヴァプール南部へ
© 2018 Yoshiaki Tsujino

リヴァプール南部
リヴァプール北東部へ
81 エンプレス・パブ
The Empress Pub
93 High Park Street,Liverpool,L8 3UF
82 リンゴの生家(1番目の家)
Ringo's Birthplace(1st House)
9 Madryn Street,Liverpool,L8 3TT
83 リンゴが育った家(2番目)
Ringo's House(2nd)
10 Admiral Grove,Liverpool,L8 8BH
84 セント・サイラス・プライマリー・スクール
St. Silas Primary School
8 High Park Street,Liverpool,L8 3UQ
90 セント・ピーターズ教会
St.Peter's Church
26 Church Road,Liverpool,L25 5JF
91 エリナー・リグビーの墓
Eleanor Rigby's Grave
26 Church Road,Liverpool,L25 5JF
92 ジョンとポールが出会った場所
(セント・ピーターズ・チャーチ・ホール)
The place where John met Paul for the first time
(St.Peter's Church Hall)
Church Road,Liverpool,L25 6DA
93 ストロベリー・フィールド
Strawberry Field
16 Beaconsfield Road,Liverpool,L25 6EJ
94 ジョンが育った家(2番目)-メンディップス
John's House(2nd)-Mendips
251 Menlove Avenue,Liverpool L25 7SA
95 メンローヴ・アヴェニュー
Menlove Avenue
96 スチュが育った家(セフトン・パーク・ホテル)
Stuart Sutcliffe's House(Sefton Park Hotel)
37 Aigburth Drive,Sefton Park, Liverpool,L17 4JE
97 ポールが育った家(7番目)
Paul's House(7th)
20 Forthlin Road,Allerton,Liverpool,L18 9TN
98 クォリー・バンク・グラマー・スクール
Quarry Bank Grammer School
Harthill Road,Liverpool,L18 3HS
76 マージー川
River Mersey
99 ダブデイル小学校
Dovedale Road Junior School
Herondale Road,Liverpool,L18 1JX
100 ペニー・レイン
Penny Lane
Penny Lane,Liverpool,L18 2DG
101 ペニー・レインの理髪店(トニー・スレイヴィン)
The Barber Shop In Penny Lane(Tony Slavin)
11 Smithdown Pl,Liverpool,L15 9EH
102 セント・バルナバス教会
St.Bernabas Church
Smithdown Pl,Liverpool,L18 1LZ
110 ジョンが育った家(1番目)
John's House(1st)
9 Newcastle Road,Liverpool,L15 9HP
89 ジョージが育った家(3番目)
George's House(3rd)
174 Mackets Lane,
Hunts Cross,
Liverpool,L25 8TQ
ポールが育った家(6番目)
Paul's House(6th)
12 Ardwick Road,Speke,
Liverpool,L24 2UA
88
ジョージが育った家(2番目) 87
George's House(2nd)
25 Upton Green,Speke,Liverpool,L24 2UL
ポールが育った家(5番目) 86
Paul's House(5th)
72 Western Avenue,Speke,
Liverpool,L24 3US
85 リヴァプール・ジョン・レノン空港
Liverpool John Lennon Airport
Speke Hall Ave,Speke,Liverpool,L24 1YD
WAVERTREE
SEFTON PARK
Sefton Park Liverpool
CHILDWALL
CALDERSTONES
Calderstones Park
Allerton Manor Golf Club
WOOLTON
AIGBURTH
CRESSINGTON
GARSTON
HUNTS CROSS
SPEKE
Festival Gardens
Allerton Cemetery
Liverpool South Parkway
Speke Garston Coastal Reserve
Brunswick
St.Michaels
Mossley Hill
West Allerton
Aigburth
Cressington
Hunts Cross
Halewood
Croxteth Rd.
Ullet Rd.
Park Rd.
Aigburth Dr.
Aigburth Rd.
Riverside Dr.
Jericho Ln.
Victoria Rd.
Elmswood Rd.
Rose Ln.
Queens Dr.
Woolton Rd.
Menlove Ave.
Mather Ave.
Booker Ave.
Brodie Ave.
St. Mary's Rd.
Springwood Ave.
Hillfoot Rd.
Speke Rd.
Kings Dr.
Acrefield Rd.
Halewood Rd.
Mackets Ln.
Higher Rd.
Hillfoot Ave.
Woodend Ave.
Speke Hall Rd.
Speke Blvd.
Garston Way
Western Ave.
Hale Rd.
N
0
4km
© 2018 Yoshiaki Tsujino

・10月18日 【ロンドン／ヘンリー・オン・テムズ／リヴァプール】

ロンドン4日目〜リヴァプール初日。ゆかりの地をたっぷり楽しんだロンドンに別れを告げ、朝9時ごろにミレニアム・ホテルから貸切バスで、井上さん編集のビートルソングスの数々を楽しみながら、ヘンリー・オン・テムズ〔43〕へ。

この日はロンドンに来て初の雨降りで、バスの中では雨が窓ガラスを通しても見えるほどだった。「ヒア・カムズ・ザ・サン」もいいけど「レイン」もやっぱり捨てがたい。そんなことを思いながら、「降るなら降れ」と、イギリスらしい陽気を楽しむことにした。

この「ヘンリー・オン・テムズ」経由というのが今回の旅の大きな魅力だ。ヘンリー・オン・テムズに立ち寄る最大の目的はフライアー・パーク〔44〕である。「パーク」といっても遊園地や公園ではなく、ビートルズ・ファンなら押さえておきたい、ジョージが住んでいたお城のような豪邸である。

雨もおさまり、バスに揺られること1時間ちょっとでヘンリー・オン・テムズに着いた。2008年にフライアー・パークの門の前に初めて佇んだ時の感動は、今でも忘れられない。その時は牧野さんと2人でロンドンから電車で行き、ヘンリー・オン・テムズ駅からどうやっていけば辿り着くのかもわからず、案内所で聞いたりしながらうろうろと探し歩いた。そうしたら、フライアー・パークは駅から案外近く、むしろそっちに驚いたほどだった。

でも今回は、バスでひょいっと着けるだろう。あ、もう着いた。…と思っていたら、バスの運転手は門の前を通り過ぎ、そのままどんどん上へと坂道を上っていく。おかげで、前回は行かなかった場所まで楽しめ、東京ド

43 ヘンリー・オン・テムズ
Henley-On-Thames

ヘンリー・オン・テムズは、ロンドンから西へ約60キロメートル、オックスフォードシャー州サウス・オックスフォードシャー地区にある町。ここにジョージが住んでいたフライアー・パークがある。テムズ川左岸に位置し、ヨーロッパ最古のボートレース「ヘンリー・ロイヤル・レガッタ」の開催地として有名で、ボートレースの歴史を紹介する博物館や英国有数のボートハウスもある。17〜18世紀にはガラス、レース、麦芽の製造、穀類や羊毛の取引で繁栄。イギリスの貴族やロンドンで成功した商人たちが進んでカントリー・ハウスを建てたことで、周辺には今も大きな邸宅が建ち並び、美しく落ち着いた街並みを作り上げている。今日では園芸農業が盛んで、ビール醸造、機械などの工業があるほか、舟遊びや魚釣りも楽しめる保養地ともなっている。

2018年3月、ヘンリー・オン・テムズ市長とジョージの未亡人オリヴィアとの間で、ジョージのメモリアル・ガーデンを建設する計画が進行中とBBCが報じた。2013年には市内にジョージの銅像を建立しようというキャンペーンがオリヴィアの反対によって中止になっているが、今回のメモリアル・ガーデン建設には彼女は賛成しており、現在それにふさわしい場所を探しているところだという。

44 フライアー・パーク
Friar Park
Henley-on-Thames,2HL

英国の文化的歴史的遺産「グレードII」にも指定されているフライアー・パークは、1889年にロンドンの弁護士サー・フランク・クリスプが建てた120もの部屋があるゴシック調の大邸宅。広大な敷地には、クリスプの奇抜な嗜好が反映された庭園、洞窟、地下通路、石庭などがある。1919年の彼の死後、所有者が何度か変わった後、10年以上にわたって聖ジョン・ボスコ修道会の修道女たちが使用していた。しかし、60年代後半には維持費を払えなくなり、廃墟同然になった。

その大邸宅を70年1月にジョージが購入、3月12日から妻パティと住み始めた。ジョージは、荒れ果てた邸内を修復し、寝室2部屋、バスルーム、化粧室が付いたスイートルームを丸ごと合わせて録音スタジオに変えた。さらに兄のハロルドとピーターに、それぞれ全体の管理と庭師たちの統括を任せた。80年12月のジョンの殺害以降、一般公開は中止され、鉄柵や防犯カメラが設置されたが、99年12月30日未明、侵入した暴漢によりジョージとオリヴィアが襲われる事件が発生。2009年にオリヴィアはセキュリティ用の柵の強化を実施したが、近隣者の飼い猫が、鉄線の巻かれた柵に登って瀕死の重傷を負ったことから近隣住民から激しい抗議を受けた。その後も新たな金属製の柵を築きたいと町議会に申請するも、「野生動物に対して危険」などの理由により却下されている。

ツアーのハイライトのひとつでもあるジョージの豪邸フライアー・パークにて

ームよりも広いといわれる敷地がどのくらい上の方まであるのか、感触をつかむことができたが、井上さんの助言で行き過ぎたことに気づいた——フライアー・パークのことを知らなかった運転手は、途中でUターンして、上り過ぎた道を今度は下り始めた。

こうして無事に正門に到着、である。広大な邸宅には池やレコーディング・スタジオ「F.P.S.H.O.T.（Friar Park Studio,Henley-On-Thames）」もあるが、ジョージの「人生の夜明け」「トゥルー・ラヴ」「マイ・スウィート・ロード（2000）」「エニイ・ロード」などのプロモーション・ヴィデオを観ると、広さも含めて内部の様子がよくわかる。ビートルズの『アンソロジー』シリーズの映像版には、ポールとジョージとリンゴが庭で談笑しながらウクレレで「アイ・ウィル」や未発表の「デラ・ドゥン」などを歌う場面が出てくるが、その撮影場所もこのフライアー・パークだ。

愛読者カード

■本書のタイトル

■お買い求めの書店名(所在地)

■本書を何でお知りになりましたか。

①書店で実物を見て　②新聞・雑誌の書評(紙・誌名　)

③新聞・雑誌の広告(紙・誌名　)　④人(　)にすすめられて

⑤その他(　)

■ご購入の動機

①著者(訳者)に興味があるから　②タイトルにひかれたから

③装幀がよかったから　④作品の内容に興味をもったから

⑤その他(　)

■本書についてのご意見、ご感想をお聞かせ下さい。

■最近お読みになって印象に残った本があればお教え下さい。

■小社の書籍メールマガジンを希望しますか。(月2回程度)　はい・いいえ

※ このカードに記入されたご意見・ご感想を、新聞・雑誌等の広告や弊社HP上などで掲載してもよろしいですか。

はい(実名で可・匿名なら可)　・　いいえ

郵便はがき

おそれいりますが
切手を
お貼りください。

141-8205

東京都品川区上大崎3-1-1
株式会社CCCメディアハウス
書籍編集部 行

■ご購読ありがとうございます。アンケート内容は、今後の刊行計画の資料として利用させていただきますので、ご協力をお願いいたします。なお、住所やメールアドレス等の個人情報は、新刊・イベント等のご案内、または読者調査をお願いする目的に限り利用いたします。

ご住所	□□□-□□□□ ☎ ― ―		
お名前	フリガナ	年齢	性別
			男・女
ご職業			
e-mailアドレス			

※小社のホームページで最新刊の書籍・雑誌案内もご利用下さい。
http://www.cccmh.co.jp

F.P.S.H.O.T.
F.P.S.H.O.T. (Friar Park Studio,Henley-On-Thames)

72年にジョージは、フライアー・パーク内のゲスト用のスイートルームを最新16トラックの録音機材を備えたレコーディング・スタジオに改築。このスタジオは、後に“F.P.S.H.O.T.”(Friar Park Studio, Henley-On-Thames)と呼ばれるようになり、以後ダーク・ホース・レコードの制作拠点として遺作『ブレインウォッシュト』までのほぼすべての作品がここで収録されることになる。ソロ・アルバム以外にも、88年と90年のトラヴェリング・ウィルベリーズの2枚のアルバムのオーヴァーダビング、95年のアンソロジー・プロジェクトでの“スリートルズ”によるセッションと撮影、97年のラヴィ・シャンカールのアルバム『チャント・オブ・インディア』の制作などもここで行なわれている。ジョージの死後に製作された映像作品『コンサート・フォー・ジョージ』(2003年)、DVD『バングラデシュ・コンサート』(2005年)、マーティン・スコセッシ監督『リヴィング・イン・ザ・マテリアル・ワールド』(2011年)に収録されている各種インタビューも、ほとんどがこのスタジオで収録されたものである。

★シングル「人生の夜明け」
George Harrison「Crackerbox Palace」

ジョージの76年のアルバム『33 1/3』収録曲で、77年1月24日にアメリカでシングル・カットされ、19位を記録。プロモーション・ヴィデオはモンティ・パイソンのエリック・アイドルが監督し、冒頭で乳母車の中から突然現れるジョージをはじめ、全編ユーモラスな仕上がりである。

★シングル「トゥルー・ラヴ」
George Harrison「True Love」

『33 1/3』から77年2月18日にイギリスでのみシングル・カットされた曲(チャート・インせず)。原曲はミュージカル映画『上流社会』の挿入曲で、コール・ポーターによる作詞・作曲。ビルボードで56年11月10日に第5位を記録したスタンダード・ナンバーで、劇中ではビング・クロスビーとグレース・ケリーのデュエットで歌われた。プロモーション・ヴィデオは同じくエリック・アイドルが監督し、ジョージはカンカン帽にカイゼル髭、蝶ネクタイに派手なスーツといった奇抜な出で立ちで登場。あの手この手で貴婦人を口説こうとするが、最後に彼女は天使とともにジョージのもとを去ってしまうという、歌詞とは真逆のユーモラスな展開である。

★シングル「マイ・スウィート・ロード(2000)」
George Harrison「My Sweet Lord(2000)」

英米1位となったジョージの初のソロ・ヒット・シングル曲の“新装版”。オリジナルのバック・トラックにヴォーカルなどを新たに加えて仕上げられ、『オール・シングス・マスト・パス』の30周年記念盤に追加収録された。プロモーション・ヴィデオでは、F.P.S.H.O.T.でのレコーディングやミキシングの様子を観ることができる。

★シングル「エニイ・ロード」
George Harrison「Any Road」

2003年5月12日に発売されたジョージ最後のシングル(英37位)。アルバム『ブレインウォッシュト』収録曲だが、『クラウド・ナイン』完成直後の88年に書かれたもの。歌詞はルイス・キャロルの『不思議の国のアリス』から影響を受けており、人生を道や旅にたとえた壮大で哲学的な仕上がり。プロモーション・ヴィデオは、子供時代から晩年までの膨大な写真や映像から選ばれた素材を組み合わせて構成されている。

あまりにも風変わりな庭園を造ったサー・フランク・クリスプを称えて、ジョージはビートルズ解散後の最初のソロ・アルバム『オール・シングス・マスト・パス』(70年)で「サー・フランキー・クリスプのバラード」を彼に捧げたが、入口の門にあしらわれた石像や紋様などを見ただけで、モンティ・パイソン好きのジョージならではのカッとんだ、“ゴーン・トロッポ”な趣味が窺える。

本当ならば中に入ってじっくり確認したいところだけれど、もちろんそんなことができるわけがない。99年12月に暴漢が不法侵入し、ジョージの妻オリヴィアが頭をぶん殴ってなんとか事態を収拾させたという事件もあった。ジョージと親しい関係者以外、中まで入れる人間はほとんどいないだろう。せいぜい配達人ぐらいに違いない。

だから今回ももちろん、表玄関の鉄扉の門の前で、それぞれが思い思いに中を覗いたり、写真を撮ったりした。チズウィックでご一緒したOさんが「人生の夜明け」のヴィデオを流し、それを門の前で観ながら中の雰囲気を想像

サー・フランク・クリスプ
Sir Frank Crisp

弁護士で顕微鏡学者のサー・フランク・クリスプは、1843年10月にロンドンで生まれた。母親は彼が3歳の時に亡くなり、以後は祖父によって育てられた。16歳で弁護士の会社に雇われ、その後ロンドン大学にて文学士と法律学士の学位を取得。1869年に弁護士資格を与えられ、以後多くの重要な商業契約を行なった。顧客の中には、海外の鉄道会社や大日本帝国海軍なども含まれていた。1889年、熱心な園芸家でもあった彼はヘンリー・オン・テムズのフライアー・パークを購入し、マッターホルンの6メートルのレプリカを含む壮大な庭園を作り出した(彼は園芸、造園、自然史、顕微鏡科学などにも関心を持ち、中世のガーデニングを調査研究した『中世の庭園』という著書も発表している)。1907年にサーの称号を得た後、1919年4月にフライアー・パークで亡くなり、ヘンリー教区教会に埋葬された。70年1月にフライアー・パークを購入したジョージは、その年にリリースされたアルバム『オール・シングス・マスト・パス』に、彼に捧げた「サー・フランキー・クリスプのバラード」を収録。さらに邸宅内に残されていた数々の格言をモチーフに、「ディン・ドン」(74年『ダーク・ホース』収録)、「答えは最後に」(75年『ジョージ・ハリスン帝国』収録)などの作品も残している。

するという粋な時間もあった。

その後に、こんな事件が起きた。

感慨に浸りながら写真撮影に臨んだ際に、同じくチズウィックでご一緒したMさんがインターホンを押すふりをして写真を撮っていたので、私も真似して同じようにやろうとしてポーズを取った瞬間、なんと、間違えて本当にインターホンを押してしまったのだ。

「シマッタ！」

そう思って門に目をやったら、なんと、重い鉄扉がゆっくり開き始めた。

今度は「アイタ！」だ。

焦ったのなんのって。それでもまあ、開いちゃったもんはしょうがないかと思い、しばらく様子を見ていたところ——正確に言うと、固まったまま様子を見るしかなかったわけだが——全部開いたと思ったら、今度はゆっくり同じ速度で閉まり始めた。一瞬、中に入った同行者もいた。こんなことをするのはIさんだけである。とはいえ、中に入ったまま門が閉まってしまったら、それこそ今回のツアーはここで打ち止めになっていたんじゃないかと思う。

左／ジョージの「人生の夜明け」のヴィデオを観ながら、豪邸内部を想像
右／監視カメラもありました

幸い、この30秒ほどの出来事が実は夢だったのかと思うほど、「ビフォー・アフター」は同じ光景だったので、内心ホッとしつつも、何食わぬ顔で、今度は確実に押さない距離でインターホンの前に手をかざして記念撮影を終わらせたのだった。

「なんで開いたんだと思いますか？」

帰国後に井上さんに聞いてみたところ、「顔を見てむしろ開けてくれたんじゃないか」との返事だった。いくら私がジョージ好きだとはいえ、さすがにそこまではしてくれないんじゃないのかな…。監視カメラもしっかりあったし。

ということで、中から本当に開けてくれたのか、自動的に開く仕組みになっているのか、次回行く時に、今度は意識的にインターホンを押してみようと(今は)思っている。

門の前で集合写真を井上さんに撮っていただき、「グレイ・クラウディ・ライズ」なフライアー・パークを後にした。

その後はヘンリー・オン・テムズの町を楽しむ時間となった。さすがはボートレースで名

「レット・イット・ビー」な気分で見守るしかなかった今回のツアー最大の珍事！（提供：岡本利雄氏〈右〉）

を馳せた町だ。テムズ川にはボートが何艘も並んでいるが、「Maggie M」なんていう名前のボートもある。Kさん、埼玉のSさん、静岡のSさん、名古屋の2人のMさん、愛知のMさん、山口のWさんの7人（Kさん以外は女性）と町をぶらついていたら、一瞬「おや？」と思うエンプレス・パブ風の一軒家があったので、ちょっと寄り道。

少し歩くとすぐに“Record”の文字が目に飛び込んできたので、また細い道に立ち入ってみたら、LPやCDやカセットも扱っている雑貨屋だった。入った時に流れていたのは一瞬メリー・ホプキンかと思ったが、ジョーン・バエズだった。ここで手に入れたウイングスの『ウイングス・グレイテスト』（78年）のイギリス盤カセット（2ポンド）が、唯一のレコード関係の買い物となった。

まだ少し時間があったので、もう少し町を眺めていたら、ハロウィン・グッズやク

テムズ川沿いのボート

ヘンリー・オン・テムズで見つけた“エンプレス・パブ”

レコード屋発見！

リスマス・ギフトも扱っている雰囲気の良い店があったので、ちょっと入ってみた。そこで「おお、イエロー・サブマリンのパロディ」と思ったおもちゃを発見。Kさんは即座に購入し、Kさんの指摘で「CLOCKWORK SUBMARINE」——つまり映画『時計じかけのオレンジ』と『イエロー・サブマリン』の2本を掛け合わせた『時計じかけの潜水艦』とわかった。合わせ技とはすごい仕掛けだ。

「そろそろ時間かな」という直前に、もう1軒、LPが飾ってある雑貨屋に出くわしたので、ソッコーで中を覗いてみた。ビートルズやローリング・ストーンズほか、主に60年代から70年代にかけてのブリティッシュ・ロックの名盤が10〜15ポンドぐらいで売っていた。「時間があれば買ったかな？」と後で思ったが、これもまた縁である。

昼12時ごろまでヘンリー・オン・テムズで過ごし、再びリヴァプールに向けての「貸切バス・ツアー」は続く。

★映画『時計じかけのオレンジ』
『A Clockwork Orange』

スタンリー・キューブリック監督（1928-1999）による近未来SF映画（71年12月にアメリカ、72年1月にイギリスで公開）。暴力表現や性的描写が多く、アメリカでは17歳未満鑑賞禁止のX指定を受けたが、映画は大ヒット。ウォルター（現ウェンディ）・カルロスによるクラシックの名曲をモーグ・シンセサイザーでアレンジしたサウンドトラックも素晴らしく、フィリップ・キャッスル（ウイングスのツアー・ポスターも制作）とビル・ゴールドによるポスター・ビジュアルは、多数のパロディも生み出すほど有名である。ミック・ジャガーが主演し、ビートルズが音楽を担当するという構想があったことでも知られている。

★映画『イエロー・サブマリン』
The Beatles『Yellow Submarine』

ビートルズ主演のアニメ映画（68年7月にイギリスで公開）。キング・フィーチャーズが製作し、アル・ブロダックスほか『アニメ・ザ・ビートルズ』の製作者も参加している。ビートルズ4人のセリフは声優が担当しているが、メンバー自身もラスト・シーンに3分間ほど実写で出演した。映画の内容は「イエロー・サブマリン」「サージェント・ペパーズ…」「愛こそはすべて」の3曲をモチーフにした、いわばアルバム『サージェント・ペパーズ…』のアニメ版であるが、全編、色鮮やかなサイケデリックな映像とビートルズの楽曲との融合は素晴らしく、今日ではアニメーション映画の傑作として高い評価を受けている。

上／これぞ「時計じかけの潜水艦」
下／「なんちゃってナン」付きカレー

2時間ぐらい経ったところでサービスエリアで昼食休憩。日本食もあったが、カレーを見つけたので、もちろん注文。タイ米だと思うけれど、ぱさぱさのご飯に「何だこのナンは？」と思えるような「なんちゃってナン」が申し訳程度に付いた、二度と食べられない珍しい代物だった。でも味は、「わさび」で食べたカレーの10倍は美味かった。

夕方3時にバスに戻り、また2時間ほど揺られているうちに、リヴァプールがどんどん近づいてきた。

そして夕方5時、ついにリヴァプールに到着した。

泊まることになったのは、リヴァプールのアデルフィ・ホテル（正式名称はブリタニア・アデルフィ・ホテル）[45]である。

---

45 ブリタニア・アデルフィ・ホテル

Britannia Adelphi Hotel
Ranelagh Place,Liverpool,L3 5UL

リヴァプール市内中心部、ライム・ストリート駅から徒歩約3分の距離にある、1914年に建てられたエドワード様式のクラシカルな趣の老舗ホテル。建物の内外ともに当時のままの豪華さを感じさせる造りが圧巻で、英国の文化的歴史的遺産「グレードII」に指定されている。このホテルはブライアン・エプスタイン一家の御用達で、裕福だった彼の家族はよく食事に訪れていたという。ビートルズが宿泊したことはないが、ヨーコとショーンは90年にピア・ヘッドでジョンのメモリアル・コンサートが行なわれた時に立ち寄っている。現在は、毎年8月の「インターナショナル・ビートル・ウィーク」の拠点として各種コンベンションが行なわれ、期間中は世界中のビートルズ・ファンで大盛況となる。

ロンドンからリヴァプールへは、これまでの2回の旅では、ロンドンのユーストン駅からリヴァプールのライム・ストリート駅(「マギー・メイ」の歌詞にも出てくる)に電車で向かい、2時間半ほどで着く、という流れだったが、今回は貸切バスで一直線だ。

アデルフィ・ホテルは、ライム・ストリート駅から歩いて数分の距離にある、築100年を超える、見るからに由緒のある(つまり古くて威厳のある)ホテルだ。ここもリヴァプールの名所と言っていいだろう。

ロンドンに着いた時と同じく、ホテルに荷物を置いて、まずは小休止。ロンドンのミレニアム・ホテルは近代的でこぎれいなホテルだったが、アデルフィ・ホテルは、建物を大事にするイギリスらしい、作りがしっかりした落ち着きのある開放的なホテルだった。その後、集合場所として何度も使うことになるロビーの広さと大きさにまず驚いた。廊下も長くて幅が広く、部屋も広い。

ここでも井上さんとカレー屋がないか探したが、ありそうな気配がまったくなかったため、ホテル近くのカバブ料理店と言えばいいだろうか、あれこれやたらと量の多い店でカバブやピザやサラダなどを食べたものの、途中でギブアップ、である。

夜の8時にロビーに集合し、リヴァプール初日のツアーはマシュー・ストリート[46]から始まった。

ビートルズが292回出演したといわれる伝説のキャヴァーン・クラブのある場所としてファンならずとも世界的に有名だ。だが、88年に来た時は、ロンドンもリヴァプールも経済が不安定で町全体に活気がなく、まだいたパンク・ファッションのお兄ちゃんも、エネルギーを発散する場のないような雰囲気を漂わせていた。ところが2008年に来た時には様相は一変し、マシュー・ストリー

46 マシュー・ストリート

Mathew Street
Mathew Street,Liverpool,L2 6RE

マシュー・ストリートはリヴァプール中心部の、現在キャヴァーン・クォーターとして知られる一角を東西に走る約150メートルの石畳の通りで、もともとは問屋街だった場所である。キャヴァーン・クラブとビートルズによって60年代初めには世界的に名を知られる存在になっていた。73年にオリジナルのキャヴァーン・クラブが取り壊された後、一時荒廃した時期もあったが、84年春に7階建てのショッピング・センター「キャヴァーン・ウォーク」とともに新たなキャヴァーン・クラブが再建されると、徐々に勢いを復活。現在は、ビートルズのメンバーが通った「グレイプス」をはじめとする新旧さまざまなパブが立ち並び、昼夜問わず、活気のある通りとなっている。キャヴァーン・クラブでは、ビートルズ・トリビュート・バンドを含むライヴが連日行なわれている。ジョン・レノンとシラ・ブラックの銅像、通りの東西両端に位置する2軒のビートルズ・ショップも必見である。

トの入口にはアルマーニやラコステなど、どこか場違いな店舗もでき、あっという間に「ビートルズ観光地」化していた。思えば88年は、ビートルズのCDがすべて出揃い、ジョージの『クラウド・ナイン』(87年)も好評の時期だったので、翌89年のポールの“復活”ツアー以降、リヴァプールの町に“ビートルズ”が戻ってきたのかもしれない。

さて、今回はどうだろう。マシュー・ストリートの入口に向かってすぐにわかったのは、アルマーニもラコステも、跡形もなく消えていたこと。リヴァプールの風景にはやっぱりそぐわない。ストリートといっても、マシュー・ストリートは150メートル程度の短い通りだが、ゆかりの地はさすがに多い。まずは入口右手にある、今日はすでに閉まっているザ・ビートルズ・ショップ［47］に目をやりながら、マシュー・ストリートの横手の道にあるホワイト・スター［48］というパブへ。ビートルズは、この後に出てくる行きつけのグレイプス［49］というパブだ

47　ザ・ビートルズ・ショップ

The Beatles Shop

31 Mathew Street,Liverpool,L1 6RE

　イアン・ウォレスとミュア・ウォレスの兄弟が84年にオープンしたビートルズ・グッズ専門店。マシュー・ストリートのちょうど東端に位置している。地下への階段を降りると、床のカーペットから壁や天井までビートルズ一色に彩られた空間が広がる。店の入口上部には王立美術院会員でリヴァプール在住のデヴィッド・ヒューズが作ったビートルズ4人の銅像が飾られており、84年4月2日に除幕式が行なわれた。2008年にはマシュー・ストリートの西端にアップル公認グッズを主に取り扱う「ハード・デイズ・ナイト・ショップ」がオープンしたが、こちらの元祖「ザ・ビートルズ・ショップ」は、老舗の強みを生かしてマニアックな1点ものを含む“通好み”の品揃えで競合店との差異化を図っている。93年にはリンゴが息子ジェイソンを連れて訪れており、ほかにもジョージ・マーティン、ニール・アスピノール、ショーン・レノン、ジョー・ウォルシュ、カール・デイヴィス（リヴァプール・オラトリオの共作者）などの著名人も多数来店している。

けじゃなく、このホワイト・スターにも頻繁に足を運んでいたそうだ。「バック・ルーム（控室のことか）をビートルズが使っていた」というプレートが入口の脇に掲げられていた。

　続いてそのグレイプスへと向かったが、さすがにここは入らないとね。現在のキャヴァーン・クラブはわずかに場所を移して再建されたが、グレイプスは店内の雰囲気も含めておそらくほぼ当時のままだろう。ビートルズの4人（ジョン、ポール、ジョージ、ピート・ベスト）がビールを飲みながらくつろいだ「座席」がここにそのまま残されているのだ。しかも、「THIS PHOTOGRAPH WAS TAKEN HERE」という写真付き

「ホワイト・スター」の入口のプレート

48 ホワイト・スター

White Star Pub
2-4 Rainford Gardens,Liverpool,L2 6PT

マシュー・ストリートから折れたレインフォード・ガーデンズ通りにあるパブ。この通りは、以前にNEMSがあったホワイト・チャペル通りとマシュー・ストリートを結んでいる。ホワイト・スターの名前は、タイタニック号で有名なリヴァプールの船会社「ホワイト・スター・ライン」に由来する。キャヴァーン・クラブからも近く、「グレイプス」同様、多くのマージー・ビートのグループがよく飲みに来ており、この店のバック・ルームはビートルズが使用していた。キャヴァーンの経営者レイ・マクフォールとDJのボブ・ウーラーも、客との待ち合わせによく利用していたという。

49 グレイプス

The Grapes Pub
25 Mathew Street,Liverpool,L2 6RE

別名「ビートルズのパブ」と呼ばれるほどメンバーが足繁く通っていた店で、他のマージー・ビートのグループもよく利用していた。オリジナルのキャヴァーン・クラブはこの店の斜め向かいにあった。当時のキャヴァーン・クラブはソフト・ドリンクしか販売しておらず、バンドのメンバーは控え室の通用口からこっそりと抜け出し、出演の合間によくここでビールを飲んでいた。また、キャヴァーン・クラブではゆったりとくつろげる部屋もなかったため、グレイプスはマネージャーや友人たちと話をするための場所としてもうってつけで、メンバー以外にも、アラン・ウィリアムズやボブ・ウーラーなど、ビートルズ関係者もよく利用していた。62年8月16日にビートルズを突然解雇されたピート・ベストが、ロード・マネージャーのニール・アスピノールに愚痴をこぼしながら憂さ晴らしをしたのもこの店である。メンバーの定位置だった席は「ビートルズ・シート」として4人（ジョン、ポール、ジョージ、ピート）の写真が飾られており、オリジナルの壁紙と座席が今も使われている。

のプレートとともに明示されているのだからたまらない。2008年に牧野さんと来た時には、まだ午後の早い時間で店内はすいていて、その場所に近づいたら地元の若い男性2人がすっと席を譲ってくれた。今回は、ビートルズ好きだと思われる海外の年配の男女がそこに座っていたので、その横の椅子を全員でほぼ「占領」した。天井や壁にはビートルズの写真などが所狭しと飾られていて、こういうところにも「ビートルズ観光地」化したリヴァプールを垣間見たのだった。

マシュー・ストリートの「ビートルズ観光地」化については、それを象徴する店もいくつか新たにできていた。店名だけでわかる——「RUBBER SOUL」「Kaiser-keller」「SGT PEPPERS」などだ。「Kaiserkeller」はビートルズがデビュー前にハンブルクで出演したライヴ・ハウスと同じ名前だが、もちろんここはリヴァプールである。「SGT PEPPERS」は、2016年にできた、バーとレストランが併設されたライヴ・ハウスだが、場所はなんとキャヴァーン・クラブの隣である。

そしてリヴァプールといえば、絶対に欠かすことのできない場所——キャヴァーン・クラブ[50]へと向かう。「向かう」といっても、グレイプスから20秒もあれば辿り着く至近距離である。半世紀以上前に、お店の前に長い列を作った女性ファンの光景を思い浮かべながら、84年に再建された現在のキャヴァーン・クラブの前に着く直前、その「元あった場所」で、88年にはなかった銅像がまず出迎えてくれた。キャヴァーン・クラブで働いていてブライアン・エプスタインと知り合い、イギリスを代表する歌手として活躍したシラ・ブラックの像[51]であ

マシュー・ストリートにある「なんちゃってビートルズ」な店
「Kaiserkeller」(左)と「RUBBER SOUL」(右)

上／キャヴァーン・クラブ出演前にビートルズがくつろいだグレイプス。座席は右に
左下／昔と変わらないグレイプスの店内　右下／「なんちゃってビートルズ」な「SGT PEPPERS」

る。開店60周年記念となる2017年1月に建てられたというから、新たな名所として今後人気が出るに違いない。

マシュー・ストリートには、開店40周年記念（97年1月）として、キャヴァーン・クラブの斜め向かいの壁面に「ウォール・オブ・フェイム」［52］と、その並びにジョン・レノンの像［53］も作られるなど、節目時に「ゆかりの場所」がどんどん増える傾向にある。マシュー・ストリートに点在するそうした記念碑を一通り見まわした後、キ

50　キャヴァーン・クラブ

Cavern Club

10 Mathew Street,Liverpool,L2

57年1月16日、マシュー・ストリート10番地の青果問屋の地下にジャズ専門のクラブとしてオープン。クォリー・メンは早くも同年8月7日にジャズ演奏の合間の呼び物として初出演し、プレスリーのカヴァーを数曲演奏している（ちなみにこの日ポールはボーイ・スカウトのサマー・キャンプに行っており、ステージには立っていない）。その後オーナーがレイ・マクフォールに代わり、60年5月からは地元のロック・バンドを売り出すクラブとなる。ビートルズは最初のハンブルク巡業から帰国後、61年2月9日に初のステージに立ち、以後、63年8月3日までの間に合計292回出演。最初5ポンドだったギャラは、最後には300ポンドになった。

73年5月27日（ウイングスがハマースミス・オデオンでUKツアー最終日を迎えていた日）、地下鉄工事のためオリジナルのキャヴァーン・クラブは取り壊された。その後84年春に、元の位置より約20メートル右に移動した場所に、当時をほぼ完全に再現した新しいキャヴァーン・クラブがオープンした。内装には地下から発掘した本物のキャヴァーン・クラブのレンガが使われている。

ャヴァーン・クラブの中へと足を運んだ。

「今日は誰が演奏しているのだろうか」

そう思ってステージに目をやると、遠目にはBECKに見えるわりと若い男性がアコースティック・ギターで弾き語りを披露していた。2008年に来た時にも思ったが、ステージに向かって階段を地下に降りていく時の黒塗りの壁や、地下に入った瞬間に広がる見覚えのある穴倉のような広がりには、即座に目を奪われてしまう。再建された場所とはいえ、内装に使われたレンガは当時のものをそのまま使用しているというし、パッと見、「サム・アザー・ガイ」の演奏シーンが、いきなり目の前に登場する印象だ。

演奏を楽しんだ後は、店内をくまなく探索してみることにした。壁面には、ビートルズに限らず、キャヴァーン・クラブに出演したミュージシャンの写真や思い出の

51　シラ・ブラックの像
Cilla Black Statue

2017年1月16日、キャヴァーン・クラブの60周年記念を祝い、オリジナル・キャヴァーン・クラブの入口前に家族によって建てられた銅像。

シラ・ブラックは1943年5月27日、リヴァプール生まれの女性シンガー。本名はプリシラ・マリア・ヴェロニカ・ホワイト。「シラ・ホワイト」と名乗ってクラブで歌うようになっていた頃、61年7月6日発行の『マージー・ビート』紙に誤って「シラ・ブラック」と紹介されてしまう。しかし彼女自身がこれを気に入り、以後これが芸名となる。キャヴァーン・クラブで働いていたところ、ビートルズと知り合い、ブライアン・エプスタインの事務所NEMSの専属歌手となる。63年2月27日にジョージ・マーティンのプロデュースのもと、ポールが書いた「ラヴ・オブ・ザ・ラヴド」でレコード・デビュー（英35位）。その後も64年7月31日に「イッツ・フォー・ユー」（同7位）、68年3月8日に「ステップ・インサイド・ラヴ」（同8位）と、2曲のレノン＝マッカートニー・ソングをリリースしている。音楽のみならず映画やテレビ番組の司会などでスターとしての地位を確立していたが、2015年8月1日にスペインの別荘で死去。

52　ウォール・オブ・フェイム
Wall Of Fame

97年1月16日、キャヴァーン・クラブ40周年を記念して「ウォール・オブ・フェイム（名声の壁）」がお披露目された。除幕式はジェリー&ザ・ペースメイカーズのジェリー・マースデンによって行なわれた。ここには、57年から73年までの間にキャヴァーン・クラブに出演した1800以上のアーティストの名前がレンガに刻まれており、ビートルズをはじめ、ローリング・ストーンズ、ザ・フー、クイーン、ヤードバーズ、チャック・ベリー、ジミ・ヘンドリックス、バッドフィンガーなど錚々たる顔ぶれが並んでいる。キャヴァーン・クラブの斜め向かい、94年にオープンしたキャヴァーン・パブの店の前に設置されている。

53　ジョン・レノンの像
John Lennon Statue

キャヴァーン・クラブの40周年記念式典で同時に公開された、デイヴィッド・ウェブスターの手による（75年のアルバム『ロックン・ロール』のジャケットを彷彿とさせる）革ジャン姿のジョン・レノンの銅像。除幕式はビリー・J・クレイマーが担当した。「ウォール・オブ・フェイム」と同じく、キャヴァーン・パブの店の前に設置されている。

★DVD『ライヴ・アット・キャヴァーン』
Paul McCartney『Live At The Cavern Club!』

99年12月14日、キャヴァーン・クラブで36年ぶりに行なわれたポールのライヴを収録した映像作品。報道陣を含む約300人の前で、ニュー・アルバム『ラン・デヴィル・ラン』の収録曲を中心に全15曲が演奏された。インターネットでも生配信され、世界中で約350万人が観たという。バックはデヴィッド・ギルモア、ミック・グリーン、イアン・ペイス、ピート・ウィングフィールド、クリス・ホールがつとめた。ジョンとの出会いに触れて披露した「トゥエンティ・フライト・ロック」や唯一のビートルズ・ナンバー「アイ・ソー・ハー・スタンディング・ゼア」など、見どころは多い。

品、サイン入りのギターやレコードなどが、ほぼ一面に飾られている。それらを眺めているだけでも楽しい。ピート・ベストやオノ・ヨーコのサイン入りの写真や、デニー・レインやバッドフィンガーのジョーイ・モーランドのLPジャケットへのサインとギターのほかに、ポールの息子ジェイムズ・マッカートニーの2012年のサイン入りギターもあった。ジェイムズのサイン入りCD『ザ・ブラックベリー・トレイン』(2016年)を注文したら、ほとんど一筆書きのような、サインにはまったくみえない手抜きのようなものが届いてがっかり——というよりも呆れたり怒ったりしたファンが多かったという「事件」が、CDが出た時にあった。それで、「ちゃんと書いているのかな?」と思ってサインを探してみたら、ギターにしっかりフルネームで、コメントも含めて書かれていて、むしろそれが微笑ましかった。というよりも大笑い、だった。

左／熱気に満ちたキャヴァーン・クラブの内部　右／オノ・ヨーコもここで熱唱

そうしたサイン関連での目玉は、ポールのサイン入りヘフナー・ベースだ。しかもこれ、99年12月14日にアルバム『ラン・デヴィル・ラン』の宣伝を兼ねてポールが36年ぶりにキャヴァーン・クラブでライヴを行なった際に書かれたものなのである。キャヴァーン・クラブには奥にもうひとつ見通しの良いステージがあり、ポールはそこでデヴィッド・ギルモアやミック・グリーン、イアン・ペイスらを従えてロックンロール色の強い曲を中心に全15曲演奏したが、このサイン入りギターは、そのステージの客席から見て右手に飾られていた。

ポールの息子ジェイムズのサイン2題。ギターはちゃんとフル・ネーム

この日はほとんどキャヴァーン・クラブで「現地解

キャヴァーン・クラブでの36年ぶりの演奏後に書かれたポールの貴重なサイン

散」のような流れとなった。1時間ほど楽しんだ後、マシュー・ストリートの突き当たりの左角にある、ビートルズ・ショップが併設されたハード・デイズ・ナイト・ホテル〔54〕の前を横切り、再びアデルフィ・ホテルへと戻った。

ロンドンからジョージの豪邸を経由した都合5日目の旅。この日のリヴァプールは、おおらかでのんびりとした町の雰囲気に馴染むための肩慣らしといった時間でもあった。見るものすべてが新鮮で刺激的なので、あれよという間に時間が過ぎていってしまう。「ビートルズ」に想いを馳せながらの旅は、やはり何物にも代え難い。

54　ハード・デイズ・ナイト・ホテル
Hard Day's Night Hotel
Central Buildings,North John Street,Liverpool,L2 6RR

1884年に建てられた英国文化的歴史的遺産「グレードII」に指定されている重厚な商業ビルをリノベーションし、2008年2月1日にオープンしたビートルズのテーマ型ホテル。マシュー・ストリートとノース・ジョン・ストリートの角地にあり、キャヴァーン・クラブからもほんの数分の距離にある。1階には公式グッズを取り扱うショップも併設されている。ロビーからラウンジ、レストラン、客室のインテリアにいたるまで、すべてが“ビートルズ尽くし”。まるでホテル全体がギャラリーのようになっており、見どころは尽きない。ロビーから上階へと続く螺旋階段には、時系列に4人の大型写真が壁面いっぱいに配されている。110室のベッドルームには、ビートルズ・アートの第一人者として世界的に有名なアメリカ人アーティスト、シャノンによって描かれたビートルズの大型ポートレイトが各部屋ごとに飾られている。ビートルズのメンバーだけでなく、その家族や関連アーティスト、映画の一場面など部屋によってポートレイトの種類はすべて異なっており、何回泊まっても「今回は誰の部屋だろう？」という楽しみを味わうことができる。

併設のレストラン「ブレイクス」には、『サージェント・ペパーズ…』のジャケットに登場する60名におよぶ有名人のポートレイトが飾られている。路上に面した建物の上部には解散後の4人をイメージした4体の像が設置されているが、これらを製作したのは、キャヴァーン・パブ前にあるジョン・レノンの像の製作者、デイヴィッド・ウェブスターである。

・10月19日【リヴァプール】

リヴァプール2日目。まず午前中は、ロンドンほどは点在していない、ライム・ストリート駅周辺のゆかりの地を探訪する予定だ。

ホテルの朝食は、ロンドンに比べると質素。先述したように、紅茶が、ちゃんとしたお茶っ葉じゃなくティーバッグというのに軽く衝撃を受けつつ、ロンドンのホテルほどは量も取らずに済ませた。

2008年に来た時はマシュー・ストリート周辺のホテルは満杯で、タクシーで10分ぐらい行ったところにあるホテルに泊まった。そのため、ゆかりの地の探訪には多少時間がかかったが、今回はホテルの立地条件はばっちりだ。

9時半過ぎにホテルを出ると、目の前にいきなり「ゆかりの地」がある。ただし、それほどゆかりの深い場所ではない。ジョンとシンシアがデートの待ち合わせに使ったことがあるルイス・デパート〔55〕だ。ここは「立ち寄る」というよりも、そのまま通り道なので、デパートを右手に見ながらジョンとシンシアが結婚式を挙げたマウント・プレザント登記所〔56〕に向かう。このふたつの事実だけで、ジョンとシンシアがこのあたりをしょっちゅう一緒に歩いていたことがわかる。

わりと長めに、町並みを眺めながら歩く。人がまばらで、ゆったりのんびりしたリヴァプールの「空気」が伝わってくる

シンシア・パウエル
Cynthia Powell

1939年9月10日、ブラックプール生まれ。ジョンの最初の妻。58年、リヴァプール・カレッジ・オブ・アート入学の翌年にジョンと出会い、妊娠を機に62年8月23日に結婚。63年4月8日にジュリアン・レノンを出産。68年11月8日にジョンと離婚。著作に、ジョンとの思い出を綴った自伝『素顔のジョン・レノン：瓦解へのプレリュード』『ジョン・レノンに恋して』がある。2015年4月1日に死去。

55　ルイス・デパート

Lewis's Department Store
40 Ranalegh Street,Liverpool,L1 1LX

1856年にオープンした大規模百貨店。アデルフィ・ホテルの向かい側に位置し、店の正面玄関の真上にある男性の裸体像が有名。像の下は昔からカップルの待ち合わせ場所となっており、ジョンとシンシアもその中の一組だった。また、ポールがリヴァプール・インスティテュート中退後のごく短期間、荷物の配送の助手をしていたのもこのデパートである。62年11月28日、ビートルズはキャヴァーン・クラブでのイヴニング・ギグの後、店の従業員のクリスマス・ダンス・パーティー「ヤング・アイデア・ダンス」のために、最上階「527クラブ」で演奏を行なっている。また、後にブライアン・エプスタインの助手となるピーター・ブラウンは、このデパートのレコード売場の責任者だった。ルイス・デパートは2010年に閉店し、現在は別の企業の傘下に入って営業を続けている。

56　マウント・プレザント登記所

Liverpool Registry Office
64 Mount Pleasant,Liverpool,L3 5TB

62年8月23日、21歳のジョンと妊娠中の22歳のシンシアが結婚した場所。式の参列者はブライアン・エプスタイン、ポール、ジョージ、シンシアの兄トニーとその妻マージョリーだけ。ビートルズに加入したばかりのリンゴは招待されておらず、ジョンの結婚に反対だったミミおばさんは式への出席を断っている。新郎の介添え役はエプスタイン、花嫁の介添え役はポールが務めた。この日はあいにくの雨だったうえ、式のあいだ中ずっと隣家を工事するドリルの音に悩まされたという。式後のパーティーも、近くでアルコール抜きのランチをとるだけの質素なものだった。ジョンは新婚初日もビートルズのチェスターでのライヴに加わり、それ以降もエプスタインの方針により既婚者だということは極秘にされた。ちなみに1938年12月3日にはジョンの両親(父フレディ、母ジュリア)、54年4月17日にはリンゴの両親(2番目の父ハリー、母エルシー)もこの登記所で結婚式を挙げている。

が、ロンドンはやはり東京並みの都会だということを、リヴァプールに来るたびに実感する。

通りを歩き、横手の道に入ると、そこに大学があり、その先に古めかしい建物がある。ここもジョンのゆかりの地——ジョンが生まれたオックスフォード・ストリート産院［57］

ジョンが生まれた産院のプレート

である。生誕60年の誕生日となる2000年10月9日に、建物の入口に黒色の丸いプレートが取り付けられた。

まるで遠足気分でリヴァプールの徒歩旅行を続けながら次に向かったのは、フィルハーモニック・ダイニング・ルーム［58］と、その斜め向かいにあるフィルハーモニック・ホール［59］である。今やライバー・バードと並ぶリヴァプールのシンボル、スーパーラムバナナの“ビートルズ・ヴァージョン”も見ることができた。

フィルハーモニック・ホールは、ポールが『リヴァプール・オラトリオ』のリハーサルや100回上演記念公演など、主にクラシカルな作品に絡めて使ったことのある場所で、毎年8月に行なわれる「インターナショナル・ビートル・ウィーク」のライヴ会場としても使用されているため、日本のビートルズのトリビュート・バンドにも知られている場所だ。一方、フィルハーモニック・ダ

57　オックスフォード・ストリート産院

Liverpool Maternity Hospital
109 Cambridge Ct,Liverpool,L7 7AG

第2次世界大戦中の1940年10月9日（水）午後6時30分に、父フレディ、母ジュリアの第一子としてジョンが生まれた病院。船員の父フレディは航海中で不在だったため、ジュリアの姉のミミおばさんが出産に付き添ったという。男の子は時の首相ウィンストン・チャーチルにちなんで、ジョン・ウィンストン・レノンと名付けられた。ちなみに過去の文献では、この日はドイツ軍の激しい空襲があった、と記されているものもあるが、実際に空襲があったのは9月21日と10月16日であり、この日は何もない静かな夜だったようだ。現在はアパートになっているこの建物の、どの部屋でジョンが生まれたのかは残念ながら記録は残っていない。

左／2018年6月にポールが演奏した場所にも行きました　右／かわいいスーパーラムバナナ

58　フィルハーモニック・ダイニング・ルーム

Philharmonic Dining Rooms
36 Hope Street,Liverpool,L1 9BX

ホープ・ストリートとハードマン・ストリートの角に1898年から1900年の間に建てられたフィルハーモニック・ダイニング・ルームは「イングランドで最も華やかなパブ」と言われ、英国の文化的歴史的遺産「グレードII」にも指定されている。「フィル」という愛称で呼ばれるその名前は、はす向かいにあるフィルハーモニック・ホールに由来し、古くからロイヤル・リヴァプール・フィルハーモニック・オーケストラのメンバーや合唱団、パフォーマーの御用達の店だった。ジョンもこのビクトリア調の豪華絢爛なパブがお気に入りで、大学時代はイー・クラックが満員の時は必ずここへ来ていた。ビートルズの名声と引き換えに、このパブに飲みに来られなくなってしまったことを、ジョンは後々まで後悔していたという。

2018年6月9日（日本ではロックの日）、ジェームズ・コーデンが司会を務めるアメリカのテレビ番組『The Late Late Show with James Corden』内の名物企画「Carpool Karaoke」のために、ポールはツアー・メンバーを連れ立って告知なしでこのパブを訪れ、新曲「Come On To Me」を含む十数曲を60人ほどのファンの前で披露した。

イニング・ルームは、フィルハーモニック・ホールに出入りする演奏家の御用達のパブで、ジョンは、この後に紹介する行きつけのイー・クラックが満員の時には、必ずここに足を運んでいたそうだ。ジョンにゆかりの深いこのパブに、2018年6月にやって来て、ビートルズ・ナンバーや新曲を披露したミュージシャンがいる。ポールである。しかも、パブでくつろぐ地元客の前のカーテン

59 フィルハーモニック・ホール
Philharmonic Hall
Hope Street,Liverpool,L1 9BP

毎年8月に行なわれる「インターナショナル・ビートル・ウィーク」のライヴ会場にもなるフィルハーモニック・ホールは、1849年にオープン後、1933年の火災によって損壊。現在の建物は1939年に再建されたものである。クラシックやジャズのみならず、50年代後半からは、ポップ・グループの会場としても使われている。63年5月10日、ビート・グループのコンテストにジョージとデッカのA&R担当ディック・ロウ（62年1月のオーディションで「ビートルズを蹴落とした男」として有名）が審査員として参加。雑談中にジョージが「ロンドンでローリング・ストーンズというすごいバンドを観た」と話すと、ディックはすぐにロンドンに出向き、彼らと契約を結んだ。近年では、ポールが『リヴァプール・オラトリオ』のリハーサル（91年6月）、同100回上演記念公演（96年9月）、『ワーキング・クラシカル』のプレミア（99年10月）でこのホールを使用。99年9月14日にはデジタル・リマスター版『イエロー・サブマリン』の英国プレミアが開催。さらに2001年7月2日にはオノ・ヨーコがリヴァプール大学からの名誉学位をこの会場で授与されている。

が突然開き、ポールがバンドとともに「ハード・デイズ・ナイト」をいきなり演奏したのだから、居合わせた人は、みんな我が目を疑ったに違いない。

ジョンとシンシアのゆかりの場所はまだある。2人が出会ったリヴァプール・カレッジ・オブ・アートから数分の距離にある、新婚生活を送ったフラット［60］だ。パッと見、映画『ヘルプ！』の「悲しみはぶっとばせ」の場面に出てくるような雰囲気のあるフラットで、周りを見回すと、玄関のドアは住人が思い思いの色に塗り替えているようだ。ジョンとシンシアが住んでいたフラットは、現在は赤だった。

さて、ここからがリヴァプール2日目の本題である。

リヴァプールに来たら欠かせないゆかりの学校が2つ仲良く並んでいるのは、見るのにラクと言えばラクだ。先に触れたリヴァプール・カレッジ・オブ・アート［61］と

60 ジョンとシンシアの最初のフラット

John & Cynthia's Honeymoon Flat
36 Falkner Street,Liverpool,L8 7PZ

62年8月23日に結婚したジョンとシンシアが新婚生活を過ごしたフォークナー・ストリート36番地にあるフラット。2人の母校であるリヴァプール・カレッジ・オブ・アートから徒歩2〜3分の距離にある。ブライアン・エプスタインが借りていた別宅で、2階建てテラスハウスの1階部分に2人はしばらく住んだ。この家でジョンは「ドゥ・ユー・ウォント・トゥ・ノウ・ア・シークレット」を書いている。62年9月、ブライアンはこのフラットでジョンとポールに、楽譜、レコード、出版物など今後の音楽出版契約に関してはレノン&マッカートニーのクレジットで統一することと、曲のメイン・ライターの名前を先に表記することを説明した（この条項は実現しなかった）。

61 リヴァプール・カレッジ・オブ・アート

Liverpool College Of Art
68 Hope Street,Liverpool,L1

1883年に建設された英国の文化的歴史的遺産「グレードII」に指定されている芸術大学。マウント・ストリートとホープ・ストリートの角に立地し、ホープ・ストリート側の増設部分は1910年に建てられた。57年9月、絵画の才能を見込まれたジョンは、クォリー・バンク・グラマー・スクールの校長からの推薦により、リヴァプール・カレッジ・オブ・アートに入学した。同級生には、後に妻となるシンシア・パウエル、60年にクォリー・メンに加入するスチュアート・サトクリフ、後に『マージー・ビート』紙を創刊するビル・ハリーなどがいた。隣接するリヴァプール・インスティテュートにはポールとジョージが在籍しており、昼休みになると彼らは、カレッジの地下にあるカフェテリアや最上階の「ライフ・ルーム」に集まってはバンド練習を行なった。60年5月、シルヴァー・ビートルズとしてジョニー・ジェントルのスコットランド・ツアーに出かけた後、ジョンは再び大学に戻ることはなかった。

リヴァプール・インスティテュート［62］である。そもそも同時代にジョンとポールがリヴァプールにいたからこそビートルズは生まれたわけで、その「神の粋な計らい」と言ってもいい「偶然」に感謝しないといけないだろう。しかもこうして居並ぶ学校こそ、ビートルズ誕生に大きな影響を与えた場所でもあるのだ。

リヴァプール・カレッジ・オブ・アートに通っていたのはジョンとシンシアだけでなく、デビュー前のメンバーだったスチュアート・サトクリフと、後に『マージー・ビート』紙を創刊してビートルズの知名度を上げたビル・ハリーも、2人の同級生だった。そして隣のリヴァプール・インスティテュートにはポールとジョージや、ジョンとポールを引き合わせたアイヴァン・ヴォーン、ビートルズのロード・マネージャーからアップルの取締役になったニール・アスピノールなどがいたというのだから、出来過ぎたドラマを見ているかのようだ。「ビートルズ・ストーリー」は実に刺激的で面白い。

ここでもうひとつ面白い事実が発覚した。「リヴァプール・インスティテュートはポールとジョージが通っていた学校だ」という井上さんの説明を聞いていたIさん（メリルボーン駅で転んで指を負傷した人）が高校の頃の話をしたところ、それを聞いたMさん（アップル・ビルで「ゲット・バック」を流した人）も同じ高校だとわかり、講座に通っている2人が先輩・後輩だと初めてわかったのだ。その瞬間から2人の関係はジョンとジョージのようになり、はたから見ていて面白かった。

リヴァプール・カレッジ・オブ・アートの前にある、ジョン・キングが作った「A CASE HISTORY」というオブジェ

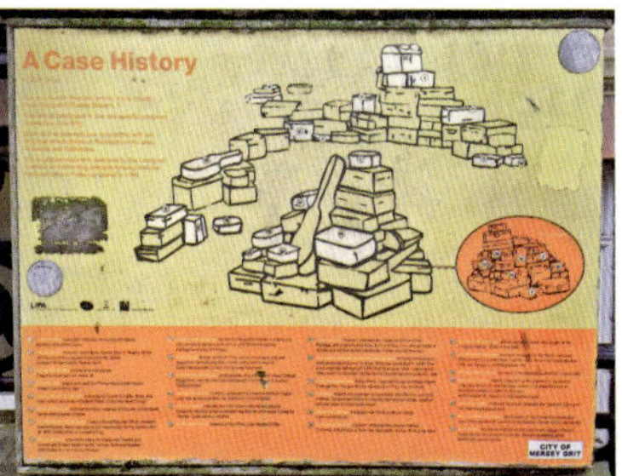

62　リヴァプール・インスティテュート（現LIPA）

Liverpool Institute High School For Boys
（Liverpool Institute For Performing Arts/LIPA）
Mount Street,Liverpool,L1 9HF

1825年にメカニクス・インスティテュートとして設立、1837年9月15日に正式に開校した男子高校で、通称「イニー」と呼ばれる。ポールとジョージの母校であり、2人は通学中の86番のバスで知り合った。ジョンが通っていたリヴァプール・カレッジ・オブ・アートは（偶然にも）隣に並んで建っている。後にビートルズのロード・マネージャーになるニール・アスピノール、クォリー・メンのメンバーのレン・ギャリー、ポールをジョンに紹介したアイヴァン・ヴォーン、ポールの弟マイクも在籍していた。バンド活動に傾注していくにつれ、ポールとジョージの成績は下降の一途を辿り、結局2人はイニーを中退してしまう。ポールは巡業先のハンブルクから先生宛に退学届を出した。しかしその後もポールはこの学校への恩を忘れず、79年11月23日にはリヴァプールのロイヤル・コート・シアターで、母校の教職員と学生のためにウイングスの特別コンサートを催している。

その後イニーはリヴァプールの人口減少とともに85年にやむなく閉鎖。しかしポールは「イニーの建物を残しておきたい」と考え、ジョージ・マーティンの協力のもと、学校再建のためのプロジェクトを開始する。まずはポール自身が個人で100万ポンドを寄付し、これに続いてリヴァプール市民や各界著名人から最終的には1200万ポンドもの寄付金が集まった。こうしてイニーは「リヴァプール・インスティテュート・フォー・パフォーミング・アーツ（LIPA）」という総合芸術大学に生まれ変わり、世界中から選ばれた200名の生徒によって96年1月から授業がスタート。正式には同年5月に開校した。実践に役立つプロとしてのノウハウを習得するための音楽、ダンス、演劇、音響、舞台製作など、さまざまなコースが用意されており、ポール自らも時折教壇に立っている。2012年には、隣接するリヴァプール・カレッジ・オブ・アートをLIPAが370万ポンドで購入したことで、現在はジョン、ポール、ジョージが出た学校がLIPAの名の下にひとつにまとまる形になっている。

リヴァプール・カレッジ・オブ・アートの前には、ジョン・キングが作った「A CASE HISTORY」というオブジェが積み上げられている。リヴァプール・インスティテュートで教鞭をふるったチャールズ・ディケンズほか地元の「名士」にまじって、リンゴを除くビートルズの3人のものもある。ポールのみ、そのオブジェに「SIR（サー）」の称号が付けられているのはあくまで形式的なものだと思うが、実際、ポールの貢献度は大きい。リヴァプール・インスティテュートの再建にポールが乗り出したおかげで、この学校が、96年に、リヴァプール・インスティテュート・フォー・パフォーミング・アーツ――LIPA〔62〕という、ファンには名高い総合芸術大学として生まれ変わったのだから。

20分ほど重要な学校周辺を見た後は、リヴァプール大聖堂を遠目に眺めつつ、リヴァプール・カレッジ・オブ・アートの同級生だったジョンとスチュが一緒に住んでいたギャンビア・テラス〔63〕へと向かう。2008年にリヴァプールに来た時に、行きたかったけれど寄る時間のなかった場所だ。ジョンとスチュが住んでいた部屋は、「GAMBIER TERRACE」という建物の角のプレートから数えて12番目の窓のある、こげ茶のドアに「3」と書かれた部屋の2階だ。

続いて、ギャンビア・テラスの真後ろに位置するリヴァプール大聖堂〔64〕へ。荘厳な雰囲気とはこのことだろう。ヨーロッパで最も大きい大寺院だということが、中に入るとすぐにわかる（というほど他の寺院に行っているわけではないけれど）。とにかくだだっ広い。ステンドグラスも鮮やかで眩いほどだ。それでも「お土産売り場」はしっかりあったので、ユニオンジャックをあしらった傘とボールペンを購入した。傘は2008年にも同じようなものを買ったが、日本で数回差しただけでオシャカになったので、今度はどうかと思って再度チャレンジ、である（きのう差してみたら、すでに少し壊れかけていた）。ジョンの追悼ミ

ジョンとスチュが一緒に住んでいたギャンビア・テラスの部屋（2階）

63　ギャンビア・テラス

Gambier Terrace
3 Gambier Terrace,Liverpool,L1 7BG

1832年から1837年にかけて建てられたビクトリア様式の住宅棟。もともとジョンの美術大学の友人ロッド・マレーが借りていた「3番」の2階に、スチュアート・サトクリフが2番目、ジョンが（ミミおばさんの反対を押し切り）3番目の住人として入居した。ジョンとスチュは60年8月にハンブルクへ発つまでの数ヵ月間をこのフラットで過ごす。大学から徒歩1～2分と近く、アトリエとしてもバンドの練習場所としても重宝し、シンシアをはじめ、大学の友人たちもこの部屋によく泊まりに来ていた。60年7月24日付の『サンデー・ピープル』紙に、「戦慄のビートニク」と題して、散らかった部屋の中にジョンたちがたむろしている写真が掲載されたことがあるが、これは記者からの依頼でアラン・ウィリアムズが部屋の中を故意に汚したものだった。また、後の伝記にジョンとスチュが棺桶の中で寝ていた、という記述も見られるが、これも脚色である。84年にロッドは、ジョンが残していったデッサン帳をサザビーズのオークションに出品し、1万6000ポンドで落札された。

64　リヴァプール大聖堂

Liverpool Cathedral
St James Mt,Liverpool,L1 7AZ

ジャイルズ・ギルバート・スコット卿がデザインしたヨーロッパ最大級のアングリカン（英国国教会）大聖堂。1900年代初頭に建築が始まり、78年にようやく完成した。ゴシック建築の大寺院で、建物の長さ201メートル、塔の高さ101メートル、翼廊の幅は61メートルにも及ぶ。リヴァプール・インスティテュート、リヴァプール・カレッジ・オブ・アート、ジョンが住んでいたギャンビア・テラスからも徒歩数分の至近距離にある。81年3月29日にはジョンの追悼ミサが行なわれ、数々のビートルズ・ナンバーがパイプ・オルガンで演奏された。この教会の聖歌隊に入ることは一種のステータスだったが、53年、ポールは11歳の時に聖歌隊のオーディションに落ちている。しかし91年6月、初のクラシック作品『リヴァプール・オラトリオ』を完成させたポールは、ワールド・プレミアの開催地としてここを選んで“リベンジ”を果たした。ポールは2008年4月にもクラシック作品第4弾『エッチェ・コール・メウム（邦題：心の翼）』のコンサートをここで開催している。

サ（81年）や、ポールの『リヴァプール・オラトリオ』（91年）だけでなく、『エッチェ・コール・メウム（心の翼）』のコンサート（2008年）が催されたゆかりの場所だが、むしろ

11歳のポールが聖歌隊のオーディションに落ちた場所として覚えておくのもオツ、である。

荘厳な雰囲気が漂うリヴァプール大聖堂

当たり前といえば当たり前だが、ロンドンとは違い、リヴァプールにはデビュー前のゆかりの地が圧倒的に多い。というか、ほとんどそうだ。次に向かったイー・クラックというパブもしかり、である。2008年にお店の前までは行ったのに、牧野さんと私の2人とも歩き疲れていて暗がりでお店の前を眺めただけで入らず、「中を覗けば良かった」と日本に戻ってからちょっぴり後悔した場所だった。

イー・クラック〔65〕はリヴァプール・カレッジ・オブ・アートの学生の行きつけのパブで、ジョンとシンシアが初めてデートした場所でもあった。井上さんによると、授業をさぼり、勉強についていけ（いか）なかったジョンのために、教師がこの店まで来てジョンに教えたりもしたらしい。

傾斜のある道の途中に建っているだけでも絵になるのに、茶色の建物に挟まれた白黒の外観は最高だし、何よ

★アルバム『リヴァプール・オラトリオ』
Paul McCartney's Liverpool Oratorio

ポールが、ロイヤル・リヴァプール・フィルハーモニック・オーケストラの誕生150周年を祝い、映画音楽で知られる米作曲家のカール・デイヴィスと共同で作曲した初のクラシック作品。全8楽章・1時間40分近い大作で、ポール自身の半生を主人公に投影させた自伝的な内容になっている。91年6月28日と29日にリヴァプール大聖堂で初演された（指揮はカール・デイヴィス）。その実況録音盤が91年10月7日にイギリスで発売され、各国のクラシック・チャートで1位を記録。アメリカではレギュラー・チャートでも177位に入る異例のヒットとなった。

イー・クラックの見た目のカッコ良さは、リヴァプール随一（提供：岩堀 敬氏）

り店名と、店の看板も惚れ惚れするほどカッコイイ。

「中はどんなふうになっているのだろう」

前回のリベンジの気分でしばらく店を眺めていたが、またまた中には入らず、である。ちょうど昼時になり、いったんアデルフィ・ホテルに戻ることになったからだ。

日本ではもともとカレーを週に4日ほど食べる以外は1日1〜2食の生活。あとは珈琲があれば事足りるという省エネな体質で、毎日3食だと体が重くなり、途端に調子が悪くなる。だが、これはイギリスに限らず、ビュッフェ形式のホテルの朝食は、調子こいてつい取りすぎてお腹がパンパンになり、後悔することもしばしばだ。

ホテルの部屋はロンドンもリヴァプールもすべて井上

65 イー・クラック

Ye Cracke
13 Rice Street,Liverpool,L1 9BB

リヴァプール・カレッジ・オブ・アートに一番近いこぢんまりとしたパブで、学生たちのたまり場になっていた。ジョンが初めてシンシアを誘ったのもこの店で、スチュアート・サトクリフら友人たちとは絵画や芸術について熱く語り合った。ジョンがよく飲んでいたのはブラック・ヴェルヴェット（黒ビールと果実酒のカクテル）だったという。60年6月、美術大学の友人4人（ギャンビア・テラスの同居人ジョン、スチュ、ロッド・マレーの3人とビル・ハリー）は、リヴァプールで開かれたビート詩人ロイストン・エリスの詩の朗読会に参加した。その夜、彼らはこのパブに集まり、朗読会の内容について議論を交わしたが、その席でビルが「4人で“ディセンターズ（異議を唱える者）”と名乗ってリヴァプールを有名にしようじゃないか」と提案した。ビルは執筆家、ジョンは音楽家、スチュとロッドは画家として、である。この出来事を記したプレートが、ビルとロッドによって2003年8月に製作され、現在もイー・クラックの店内に飾られている。

さんと同室だったが、この日の昼は井上さんがお土産を買いに行ったので、昼はホテルの部屋で1人、珈琲だけ飲むことにした。「食べすぎ」だったので、胃も含めて一休みだ。そうしたらベッド・メイキングの女性が部屋に入ってきた。「中国人か？」と聞かれたので、ビートルズのツアーで日本から来たと伝えつつ、出身を逆に聞いたら、バングラデシュだという。バングラデシュと言えばジョージである。もちろん、追加の質問は「ジョージがやったコンサートは知っているか？」だ。答えは「もちろん」だった。

そうこうしているうちに、午後の「パート2」の時間が迫ってきた。ロビーにまた集合したが、午前中の晴れ間のない天気からさらに雲行きが怪しくなり、ホテルの外を見てみたら、結構な雨模様だ。2時過ぎにホテルを出ると、今度は朝とは異なり、ライム・ストリート駅〔66〕のある右手の方面へと向かう。

66　ライム・ストリート駅
Lime Street Station
Liverpool,L1 1JD

1836年8月に建設された、リヴァプール中心部にあるターミナル駅。年間約2000万人の利用客を抱える。ドーム型の天井を持つ駅の構内はかなり広く、地上にはプラットホームが9つあり、ロンドン、バーミンガムなどへ向かう長距離路線や、マンチェスター、ブラックプールなどへ向かう近郊路線が数多く発着している。ロンドンからは、ヴァージン・トレインの高速鉄道（2003年10月導入）を利用すると、約2時間20分で到着する。彫刻家トム・マーフィーによって2009年6月に製作されたケン・ドッド（63年11月にテレビ番組でビートルズと共演したコメディアン）とベシー・ブラドック（64年7月にリヴァプール・タウン・ホールに凱旋したビートルズを出迎えた政治家）の銅像「チャンス・ミーティング」が有名（駅の工事のため、2017年末からの約1年間、コンコースから撤去中）。ポールの回想によると、60年代初頭には駅前に「パンチ・アンド・ジュディ」という小さなコーヒー・バーがあり、ジョンとポールは、ビートルズのレコーディング契約でロンドンに向かったブライアン・エプスタインの帰りをいつもこの店で待っていたという。

雨足がどんどん早くなる中、ライム・ストリート駅の前に来た。右手に駅があるとすると、顔をそのまま左に、道路を挟んで駅の反対側に向けると、古めかしい、いかにもヨーロッパ調の薄茶色のホールが見えた。ビートルズの初代マネージャー、アラン・ウィリアムズの『ビートルズ派手にやれ！』(後に『ビートルズはこうして誕生した』に改題）にも登場する、60年5月13日に彼が企画した「リヴァプール・アート・ボール」の開催地、セント・ジョージズ・ホール〔67〕である。どこにでもありそうな古い建物なので、以前に来た時にはカンペキに素通りしていたが、2008年にリヴァプールが「欧州文化首都」に選ばれた際に、リンゴが新曲「リヴァプール8（想い出のリヴァプール)」を歌ったのも、このホールの屋上だったと後で知った。

ライム・ストリートの駅の隣にも、デビュー前のビートルズにとっての重要な劇場がある。57年6月9日に、まだポールが加わる前のクォリー・メンがオーディションの

67　セント・ジョージズ・ホール
St.George's Hall
St George's Pl,Liverpool,L1 1JJ

1854年に建てられた、世界有数のグレコ・ローマン様式による大ホール。ライム・ストリート駅の向かい側に位置し、英国の文化的歴史的遺産「グレードＩ」に指定されている。60年5月13日、ここでアラン・ウィリアムズが企画した芸術祭「リヴァプール・アート・ボール」が開催され、ジョン、ポール、ジョージ、スチュはアランの指示で（ギターの形をしたものを含む）山車を何台か作ったが、酔っぱらった観客たちによってその日のうちにすべて破壊され、祭り自体も大混乱のうちに幕を閉じた。リヴァプール市議会がこの場所でのビートルズ・コンヴェンションを許可したのは84年になってからだった。ジョンが凶弾に倒れた直後の80年12月14日には、彼の死を悼む数万人ものファンがこのホールの前の広場を埋め尽くし、2001年12月3日には、ジョージの追悼のために再び多くのファンがここに集まった。2008年1月11日には、リヴァプールが「欧州文化首都」に選ばれたことを祝し、リンゴがこのホールの屋上で新曲「リヴァプール8（想い出のリヴァプール)」を披露した。

クォリー・メン
The Quarry Men

ジョンがクォリー・バンク・グラマー・スクール在学中の57年3月に結成し、59年10月まで活動したビートルズの前身バンド。結成後1週間は「ブラック・ジャックス」という名前だった。結成当初からメンバーの入れ替わりが激しく、59年10月、「ジョニー&ザ・ムーンドッグス」に名前を変えた時点でのメンバーは、ジョン、ポール、ジョージの3人だけになっていた。ジョンとポールの「出会い40周年」当日の97年7月6日、元メンバーのピート・ショットン、エリック・グリフィス、ロッド・デイヴィス、レン・ギャリー、コリン・ハントンが集まり、セント・ピーターズ教会で再結成ライヴを行なった。2003年9月には東京、大阪でもコンサートを行ない、2004年には日本先行発売のCD『ソングス・ウイ・リメンバー』も制作された。

68 エンパイア・シアター
Empire Theatre
Lime Street,Liverpool,L1 1JE

ライム・ストリート駅の隣にあるリヴァプール最大の劇場。1866年10月にオープン。現在ある建物は、1925年3月に建て替えられたもの。57年6月9日、（ポール加入前の）クォリー・メンは「スター・サーチ」というタレント発掘オーディションに出場するも落選。これが彼らの初の公式ステージだった。59年10月にはジョニー&ザ・ムーンドッグスと名前を変えて同じオーディションに2度目の挑戦。今回は予選を勝ち抜き、11月15日にマンチェスターでの最終決勝に臨んだものの、（宿泊費を持っていなかったため）最終審査を前にリヴァプールに戻らざるを得なかった。ちなみにこの予選通過グループの中には、リンゴがドラムを叩いていたロリー・ストーム&ザ・ハリケーンズも入っていた。

ビートルズとしてのデビュー後は、62年から65年の間に計11回のコンサートを行なっている。初の出演は62年10月28日。NEMS主催のショーで、リトル・リチャードなど大物アーティスト8組に混じっての出演だった。63年12月7日にはファンクラブ会員2500名を集めて演奏。この模様はBBCによって収録され、その日の夜にテレビ放映された。65年12月5日、ビートルズがイギリスでの最後のコンサートを行なったのもこの劇場で、座席数2500の2回公演に対して申込数は4万人を超えた。この日はポールが前座クーバスに加わり「ディジー・ミス・リジー」でドラムを披露したという。その後はジョージがデラニー&ボニーと69年、ポールがウイングスとして73年と79年、リンゴがオール・スター・バンドとして92年と2011年にステージに立っている。

ために初めて人前で演奏したエンパイア・シアター［68］である。ここは、65年12月5日にビートルズがイギリスでの最後のコンサートを行なった場所でもある。

イギリスは、雨がひっきりなしに降っているイメージがどことなくある。「まるで雨にあたると死んじまうかのように、みんな頭を隠しながら駆け出していく」とジョンは「レイン」(66年)で歌っているし、「汚れた地面に銀色の雨が降り注ぐ」とポールは「ロンドン・タウン」(78年)で歌っている。これまでに2回来た時も、たしかにそれを実感したが、といって激しい雨が降るわけではなく、傘がなくてもまあ大丈夫かなという程度の雨降りがほとんどだった。だが、この時は様相がまったく異なった。土砂降りという言葉でも言い足りない、はっきり豪雨と言っていい激しさなのだ。それなのに、傘をまったく差さない人がそこそこいるのはどうしたことだろう。帽子を被ったり雨合羽を羽織ったりするだけで歩いている人もいるけれど、晴れの日とまったく変わらない格好で、「意地でも差してやるか」という執念や気概すら感じさせながら歩く年配の女性にはさすがに驚いた。

その光景を目にしたのは、エンパイア・シアターから

---

69 ラッシュワース・ミュージック・ハウス
Rushworth's Music House
Whitechapel,Liverpool,L1 1HQ

1831年に創業したリヴァプール最大の老舗楽器店。ポールの14歳の誕生日に父ジェイムズがトランペットを購入したのもこの店である。ビートルズをはじめ、多くのマージー・ビートのバンドがここで楽器を購入しており、ブライアン・エプスタインのNEMSとは徒歩1分という近距離にあった。62年当時の支配人はミュージシャンのボブ・ホブス。彼は『マージー・ビート』紙でコラムを書いていた。ジョンとジョージは62年にこの店でギブソンJ-160Eのアコースティック・ギターを入手。この2本はセルマー社(当時のギブソン社のイギリス代理店)にも在庫がなく、2人のために米国から空輸された物だった。しかし、このうちの1本が63年12月にロンドンで盗難に遭って行方不明になり、2015年にアメリカでオークションに登場した際には241万ドル(約3億円)で落札され、話題になった。2000年に閉店し、現在はブライアン・エプスタインの弁護士でもあったE.レックス・マーキンの弁護士事務所など、いくつかの企業がこのビルを使用している。

信号を渡り、ラッシュワース・ミュージック・ハウス[69]という楽器店のあった場所に向かう途中のことだった。そのラッシュワース・ミュージック・ハウスもまた、ビートルズの「楽器研究」には欠かせない名店で、ポールが56年の14歳の誕生日に父ジェイムズからトランペットを買ってもらったのも、ジョンとジョージが62年にギブソンJ-160Eのアコースティック・ギターを手に入れたのも、この老舗楽器店だった。幸い88年に初めてリヴァプールに行った時には店はまだ健在だったが、2000年に閉店し、170年の歴史を閉じた後、現在は、ブライアン・エプスタインの弁護士でもあったE.レックス・マーキンの弁護士事務所などが入っている。

ラッシュワース・ミュージック・ハウスの前を通り過ぎ、すぐ先の道を右手に曲がったところに、もう1軒、ゆかりの楽器店がある。こっちは、57年に17歳のジョンがミミおばさんに最初のギターを買ってもらったヘシーズ・ミュージック・センター[70]である。同じく88年には店は健在だったが、96年に閉店し、現在は宝飾店ウォンズになっている。店の壁面には、「ビートルズが楽器を買った店である」と書かれたプレートが飾られていた。

また、ヘシーズ・ミュージック・センターのすぐそばには、ブライアン・エプスタインがビートルズを知るきっかけとなったネムズ・レコード・ショップ[71]もある。現在は、建物も新しすぎる衣料品店「FOREVER 21」になり、もはや「場所だけ」の感慨しか残念ながらなかった。とはいえ、この一帯は、デビュー前後の若きビートルズの息吹が感じられる「聖地」として、ファンにはたまらない場所と言えるだろう。しかもここは、キャヴァーン・クラブからも数分の距離にあるのだから、マージー・ビート（リヴァプール・サウンド）の名に偽りなし、である。

88年に行った時にはまだあった
ヘシーズ・ミュージック・センター

ヘシーズ・ミュージック・センターの前の道をマシュー・ストリートの方面にしばし歩くと、あるオブジェが目に入ってくる。82年に作られたエリナー・リグビー像［72］だ。プレートに作者はトミー・スティールと書かれているが、彼がビートルズと63年の「ロイヤル・ヴァラエティ・パフォーマンス」でも共演したイギリス初の「ロック・アイドル」だったことは、地元の人以外にはあまり知られていないことかもしれない。

昼食後にホテルを出て1時間ぐらい経っただろうか、この後はきのうに続いて再び（雨の）マシュー・ストリート

70　ヘシーズ・ミュージック・センター
Hessy's Music Centre
62 Stanley Street,Liverpool,L1 6DS

1934年にオールド・ヘイマーケット通りにオープンした楽器店。59年にスタンレー・ストリート（NEMSから徒歩約30秒の至近距離）に移転した。ラッシュワース楽器店とともにビートルズやマージー・ビート・バンド御用達の店だった。店主はフランク・ヘシー。店の主任販売員は自らもミュージシャンとして地元のクラブに出演するジム・グレティで、マージー・ビート・グループの大半にギターを売ったほか、店内に地元バンドの写真を壁一面に貼り付けた「ウォール・オブ・フェイム」を作った。1957年、17歳のジョンがミミおばさんと2人で来店し、最初のギターを15ポンドで買ってもらったが、この時に接客したのもジムだった。その後ビートルズは分割払いで楽器を購入し続け、マネージャーになったエプスタインがまずしなければならなかったことは、200ポンドも溜まっていた彼らのツケを払うことだったといわれている。ヘシーズは96年に閉店し、現在は宝飾店ウォンズになっている。アルバート・ドックの「ビートルズ・ストーリー」には、ヘシーズの店頭を再現したコーナーが作られている。

へと向かう。まずは、きのうすでに閉まっていた「ザ・ビートルズ・ショップ」に入る。2008年に来た時は、ビート

71　ネムズ・レコード・ショップ

NEMS Record Shop & Offices
12-14 Whitechapel,Liverpool,L1 6DZ

60年5月31日に開店した、ブライアン・エプスタインが経営を任されていたレコード店。レコード以外にもテレビやラジオなど家電製品も扱っており、キャヴァーン・クラブからは歩いて2～3分の近さだった。61年10月28日、この店に20歳のレイモンド・ジョーンズという男性(2010年に実在の人物であることが判明)がビートルズの「マイ・ボニー」というレコードを買いに来る。在庫を持っていなかったエプスタインだが、自らビートルズを見てみようと、出演しているキャヴァーン・クラブに出向いたのが11月9日。その後、彼らの虜になったエプスタインはマネージャーになることを決意。幾度かの交渉の後、62年1月24日にビートルズと正式契約を結んだ。62年6月26日にはNEMSエンタープライズが発足。ビートルズの大ブレイクによる業務の急拡大に伴い、63年8月6日には、数ブロック離れたムーアフィールズ24番地に事務所を移転、翌64年3月9日にはNEMSのすべての機能をロンドンに移した。現在NEMSの跡地は、2013年10月にオープンしたファストファッションの衣料品店「FOREVER 21」になっている。

72　エリナー・リグビー像

Eleanor Rigby Statue
Stanley Street,Liverpool,L1 6AA

キャヴァーン・クラブから徒歩2～3分、マシュー・ストリートを東に進み、突き当たりを左に曲がったスタンリー・ストリートの傍らにあるのが、82年12月3日に除幕式が行なわれたエリナー・リグビーの銅像である。この像を製作したのは、歌手・俳優・彫刻家のトミー・スティール(1936-)。57年に「シンギング・ザ・ブルース」が1位を記録した、イギリス初のティーン・アイドルかつロックンロール・スターの異名を持つエンターテイナーである。63年11月4日、ロンドンのプリンス・オブ・ウェールズ・シアターで行なわれた「ロイヤル・ヴァラエティ・パフォーマンス」(ジョンの『宝石ジャラジャラ』発言で有名)でビートルズとも共演を果たしている。81年にトミーはリヴァプール市議会に対し、ビートルズへのトリビュートとして銅像を製作することを提案。これが許可されると『リヴァプール・エコー』紙の協力のもと、4000ポンドの寄付金が集まり、約9ヵ月かけて銅像は完成した。像の中には、四つ葉のクローバー、聖書の1ページ、恋人たちへのソネット(14行詩)、冒険の書、1組のサッカー・シューズが入れられているという。

★「エリナー・リグビー」
The Beatles「Eleanor Rigby」
ビートルズが楽器をいっさい弾いていない初めての曲。弦楽奏を「イエスタデイ」の倍の八重奏にしたのはジョージ・マーティンのアイデアで、ポールがヴァイオリンを取り入れることにしたのは、ヴィヴァルディをジェーン・アッシャーから教わったのがきっかけだったという。『リボルバー』からの13枚目のオリジナル・シングル(「イエロー・サブマリン」との両A面扱い)として、66年8月5日にアルバムと同時発売された(英1位・米11位を記録)。ジョージ・マーティンはこの曲の弦楽器のアレンジは、バーナード・ハーマン作曲の映画『サイコ』(60年、アルフレッド・ヒッチコック監督)のテーマ曲に影響を受けた、と発言している。

ルズ・マンスリーの名前で知られる『BEATLES BOOK』の「歯抜け」状態だった2000年以降の号を15冊ほど購入した。今回は、ちょっと触手を伸ばそうと思った書籍もあったが、(これでも)まったくオタクではないため、眺めるだけで店を後にした。

続いて「ハード・デイズ・ナイト・ホテル」に併設されているビートルズ・ショップへ。ちょうど発売50周年記念の年だったので、外観も店内も『サージェント・ペパーズ…』一色(というか四色)。リヴァプール大聖堂に続いて、ここでは『サージェント・ペパーズ…』をあしらったわりと大きめのカップを購入した(日本に帰って珈琲を一度飲んだだけで縦に1本ひびが入ったので、そのまま物入れにした)。

大雨が変わらず降りしきる中、リヴァプールの大きな名所のひとつである、マージー川沿いのアルバート・ドック[73]へと向かう。途中、道を横切った時に何気なく顔を右に向けてみたら、正面に見覚えのある建物が見えた。64年7月10日、初の主演映画『ハード・デイズ・ナ

『サージェント・ペパーズ…』風に彩られた、ハード・デイズ・ナイト・ホテルに併設された専門店

73 アルバート・ドック

Albert Dock
34 The Colonnades,Liverpool L3 4AA

1846年に開業した港湾ドックと倉庫の複合施設。当時の最先端技術で作られた世界初の完全耐火倉庫は、鋳鉄、レンガ、石のみで全面的に造られたイギリス初の建造物でもあった。1848年には世界初の水圧式クレーンも導入。船が倉庫から倉庫に直接荷下ろしできることも革新的で、ブランデー、綿、紅茶、絹、煙草、象牙、砂糖などの貴重な貨物の貯蔵庫として利用された。しかし20世紀に入ると、船舶の大型化と、帆船から蒸気船へのシフトにより、大型船舶に対応できないアルバート・ドックは次第に存在価値を失い、最終的には72年に閉鎖されてしまう。その後82年から再生計画が始まり、88年5月にリヴァプールの新たな観光スポットとして再オープンした。ユネスコ世界遺産に指定される赤レンガ倉庫群をそのまま再利用し、店舗、レストラン、バー、ホテルなどを多数誘致。テート美術館、海洋博物館、「ビートルズ・ストーリー」などの文化施設も融合させた一大観光地として生まれ変わり、現在では年間約600万人の観光客を呼び込むリヴァプール最大の人気エリアとなっている。

イト』のプレミア出席のために帰郷した際に、市主催のレセプションが開かれたリヴァプール・タウン・ホール［74］である。映画『ザ・ビートルズ〜EIGHT DAYS A WEEK』(2016年)にも登場したが、アメリカでの大成功を受けて地元に戻ったビートルズの「リヴァプール凱旋」を歓迎する地元の人々の熱狂ぶりはすさまじく、まさにいま目の前に見えている沿道は、数千人でごった返した。

そして、2008年に混んでいて諦めたビートルズ・ストーリー［75］へ。2008年にはアルバート・ドックにある「コの字」型の建物を牧野さんとじっくりまわり、運良くやっていたピカソ展、クリムト展、アンディ・ウォーホル展なども楽しんだが、今回は、何と言ってもビートルズ・ストーリーである。ビートルズ・ファンのウケがすこぶる良く、ぜひ足を運びたいと思っていた博物館だ。

出口にあるビートルズ・ショップに5時に集合という

74 リヴァプール・タウン・ホール

Liverpool Town Hall
Water Street,Liverpool,L2 3SW

1754年に完成した英国の文化的歴史的遺産「グレードI」に指定されている市庁舎。現在の建物は1802年に増築されたものである。64年7月10日、ビートルズが初の主演映画『ハード・デイズ・ナイト』のプレミア出席のために帰郷した際、ここで市主催のレセプションが開かれた。ビートルズは17時25分にスピーク空港に到着。1500人のファンが詰めかける中、リムジンに乗り込み、警官の先導でタウン・ホールに向けて出発した。約14キロメートルの道のりを車はゆっくりと進み、沿道にあふれた約20万の人々に4人は手を振って応えた。一行は予定より25分遅れて18時55分にタウン・ホールに到着。女性市議会議員ベシー・ブラドックの出迎えを受けた後、私室に案内され、紅茶を飲みながら市長たちと歓談。その後4人はタウン・ホールのバルコニーに出て、沿道を埋め尽くした数千人のファンに挨拶をした。それから20年後の84年7月、理事会はビートルズをリヴァプール市の名誉市民に認定。4人の名前はエントランス・ホールの名誉市民リストの中に記されている。現在、リヴァプール市議会は7週間ごとに開かれており、市庁舎は一般市民にも開放され、結婚式場やイベント会場としても利用することができる。

ことで、4時から約1時間、駆け足で、でも隈なく楽しんだ。ビートルズの4人の少年時代から解散後のソロ活動までを年代順にきっちり押さえた構成は、たしかにマニアにも十分に満足のいく内容だった。貴重な写真やレコード、楽器、サイン、資料、関係者のプロフィールほか、ここでしか見られないものも多い。

「さすがは地元リヴァプール」――そう思ったのは、62年までの丹念な見せ方だ。クォリー・メン時代の詳細を含め、ビートルズのデビューまでの「ストーリー」をここまで見せられる場所はここしかないだろう。中でも特に驚いたのは、「ハロー・リトル・ガール」のアセテート盤である。数年前に写真で見てびっくりした「現物」が、まさかここにあるとは。

レコードに関しては、あと2枚、これまでに存在すら知らなかった物も展示されていた。ひとつは『イエスタ

75 ビートルズ・ストーリー
The Beatles Story
Britannia Vaults,Albert Dock,Liverpool,L3 4AD

アルバート・ドックの一角にある世界最大のビートルズ・ミュージアム。実は、リヴァプールにおける初のビートルズ博物館はここではなく、84年4月にブライアン・エプスタインの母クイーニーと地元のラジオ局によってシール・ストリートにオープンした「ビートル・シティ」だった。本物の使用楽器やスーツなどの展示に加え、撮影に使用された実車の「マジカル・バス」に乗ってゆかりの地を巡るツアーまであるという期待の施設であったが、集客に苦戦し、わずか3年で閉館。立地の悪さ、マニアックすぎる展示物、経営陣のビートルズへの理解不足など、さまざまな原因が考えられ、この失敗を踏まえたうえで90年にオープンしたのが、このビートルズ博物館である。2008年には面積を2倍に拡大。運営は地元企業マージートラベル。ジョンの妹ジュリア・ベアードによる、日本語にも対応したオーディオ・ガイドを聴きながら、すべての展示物をじっくり観てまわると、優に数時間は必要な充実した内容になっている。館内には軽食が取れるエリアや広いショップも併設されており、企画展のテーマも定期的に変わるので、何回訪れても楽しめるファン必見の施設である。

デイ・アンド・トゥデイ』(66年)の幻のジャケットである。思わず「なんじゃこりゃ！」とのけぞるほどだった。『イエスタデイ・アンド・トゥデイ』はもともと、発売直

「ハロー・リトル・ガール」(HMVのアセテート盤)
「Hello Little Girl」(HMV Acetate Record)

62年2月8日、ロンドンのHMVオックスフォード・ストリート店でたった1枚だけ制作された78回転10インチのアセテート盤。A面はジョンがヴォーカルの「ハロー・リトル・ガール」、B面はポールがヴォーカルの「ティル・ゼア・ウォズ・ユー」である。ブライアン・エプスタインが持参したデッカでのオーディション・テープを聴いたHMV店長のボブ・ボーストが「レコード会社に売り込むならテープよりレコードの方が扱いやすいだろう」とエプスタインにアセテート盤の制作を提案。その場で作られたのがこのレコードである。その5日後の2月13日、エプスタインはこの1枚を携えてパーロフォン・レーベルのジョージ・マーティンに会いに行く。ちなみにレーベルにはエプスタインの直筆で、A面に“HELLO LITTLE GIRL JOHN LENNON & THE BEATLES”、B面に“'TIL THERE WAS YOU PAUL McCARTNEY & THE BEATLES”と書かれており、ヴォーカリストの名前を前面に出したアーティスト表記が興味深い。

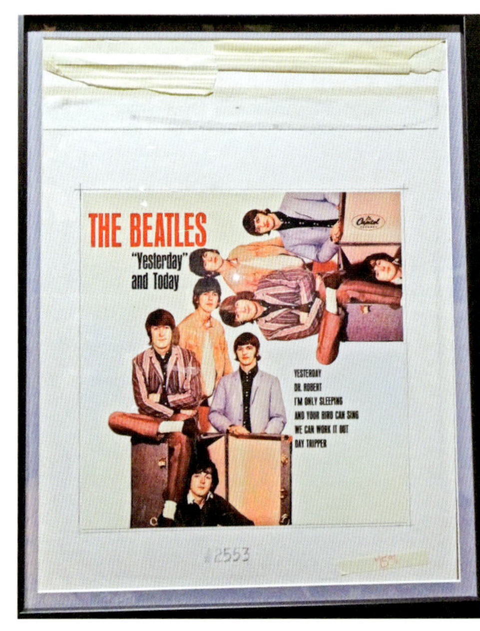

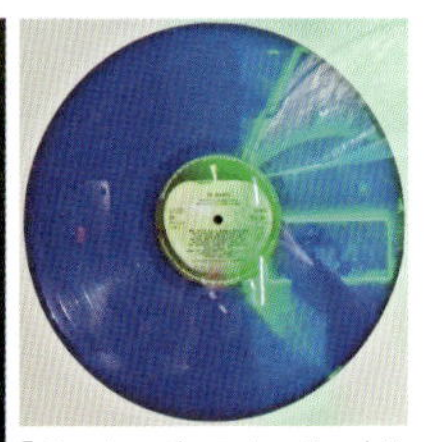

「ビートルズ・ストーリー」はやっぱりすごかった
左／ジャケットのこんな見本刷りは見たことがない！
上／これも初めて見た！
下／この福助もどきは何？

後に回収となった『ブッチャー・カヴァー』というえげつないジャケットで出され、回収後に『トランク・カヴァー』と呼ばれる平凡なジャケットが『ブッチャー・カヴァー』の上に貼られて発売されたという経緯がある。

ここで初めて目にした「幻の一品」は、『トランク・カヴァー』の平凡な4人の写真が横向きにも貼り付けられ、コラージュされたようなデザインになっている「試作品」だったのである。ということは、当初からこの『トランク・カヴァー』の写真もジャケットの候補として存在していたということなのだろう。しかもちょっとひねりが加えられているのだ。なぜあんなに平凡なジャケットになったのか、このちょっとへんてこな『トランク・カヴァー』の未発表ジャケットをみて、少し合点がいったのだった。

もう1枚は、『ザ・ビートルズ（ホワイト・アルバム）』の"青盤（青いカラー・レコード）"だ。どうやら、70年代後半にリンダ・ロンシュタットの「ブルー・バイユー」の12インチ・シングルを、曲名になぞらえて"青盤"で出すことになった際に、レコードのプレス担当者が『ホワイト・アルバム』のマスター・コピーをちゃっかり忍び込ませ、自分用に1枚だけプレスしたらしい。しかもその担当者は、何年か後にポールにテレビ・スタジオで会った際にサインまでもらったというのだから、「役得」というのか、それとも「職権乱用」というべきか…。ポールのサイン入りのジャケットも並べて展示されているが、井上さんによると、この

ブッチャー・カヴァー
Butcher Cover

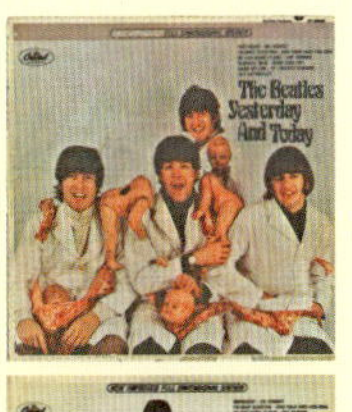

ビートルズの発禁ジャケットとして名高い一枚。日本公演にも同行したカメラマン、ロバート・ウィテカーは、奇を衒った写真を得意とし、それを特にジョンとポールは面白がっていた。そこで肉の屠殺人に扮した白衣の4人が、肉片やキューピー人形などと一緒に写るというあまりにグロテスクなジャケットを撮影。それがアメリカ編集盤『イエスタデイ・アンド・トゥデイ』(66年)のジャケットとなったが、即座に回収され、"トランク・カヴァー"と呼ばれる無難な(面白味のない)ジャケットが上に貼られて再発売された。

『ザ・ビートルズ(ホワイト・アルバム)』のブルー・カラー・レコード
"BLUE" Vinyl Copy Of The White Album

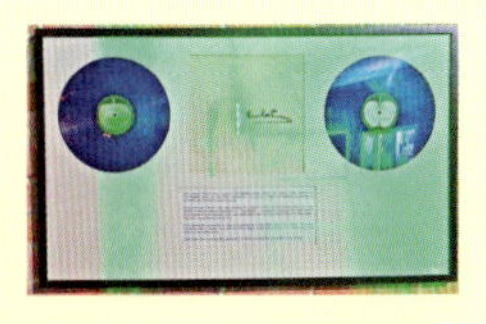

「ビートルズ・ストーリー」に展示(貸与)されている世界に1つしかない『ザ・ビートルズ(ホワイト・アルバム)』のブルー・カラー・レコード。信じられない逸品だが、館内のキャプションによると、その顛末はこうだ。70年代後半(キャプションには60年代後半と書かれているがおそらく間違い)、コリン・マクドナルド氏はロンドン西部にあるレコード・プレス工場で働いていた。その時、工場では『ホワイト・アルバム』の特別注文を受けていたが、たまたま同じ現場では、リンダ・ロンシュタットのイギリス限定12インチ・シングル「ブルー・バイユー」のブルー・カラー・レコードをプレスしている真っ最中だった。そこでコリン氏はある秘策を思いつく。彼は『ホワイト・アルバム』のマスター・コピー(スタンパー)を「ブルー・バイユー」のそれと入れ替え、世界で1つだけのブルー・カラー・レコード版『ホワイト・アルバム』を自分のためだけにプレスしたのだ。

“青盤”は提供されたのではなく、貸与されたものらしい。セコイ！

各自、買い物なども済ませ、ビートルズ・ストーリー前に再度集合した頃には、雨も小降りになっていた。マージー川［76］沿いを歩きながら、アルバート・ドックに隣接しているピア・ヘッドと呼ばれる埠頭をゆるやかに歩く。すると、2003年に制作されたビリー・フューリーの銅像に続き、そびえ立つビートルズ像［77］が見えてきた。2015年に作られた新名所のひとつで、その後ポールも2018年6月にこの銅像の前にやって来た。ロイヤル・ライバー・ビルディングの屋上にとまっているライバー・バード［78］とビートルズの像が、また絵になる構図で並んで見えるのだ。この銅像は実によくできていて、しかも前に立つと、想像以上にでかい。優に2メートルは超える。今度は天気の良い日に来てみたいと思いながら、ここで三々五々別れた。

そのままホテルに戻って休む人もいたが、「前にリヴ

76　マージー川
River Mersey

マージー川は、マンチェスターのストックポートを水源とするイングランド北西部を流れる全長112キロメートルの大河で、河口部は幅3.5キロメートルの三角江となっている。下流部沿岸一帯はマージーサイドと呼ばれ，リヴァプールをはじめとする都市が連なり、大都市圏を形成。河口両岸のリヴァプールとバーケンヘッドは、鉄道トンネルと2本の海底トンネルで結ばれている。その名の由来は、アングロサクソン語で“境界の川”という意味だという。ピア・ヘッドからはマージー川を渡るフェリー（64年のジェリー&ザ・ペースメイカーズの大ヒット曲「フェリー・クロス・ザ・マージー」で有名）が出ているが、ビートルズも61年から62年の間に、ロイヤル・アイリス号での船上コンサート（キャヴァーン・クラブ主催）に出演したことがある。また、リンゴは16歳の時に対岸のニュー・ブライトン行きのフェリーでバーテンダーをしていたことがあるという。ジョンの美術大学の友人ビル・ハリーは、この川の名前から自分が発行する新聞を『マージー・ビート』と名付け、やがてはこの呼び名がリヴァプール・サウンド全体の総称になっていく。

すんごい大きさだったビートルズ像。やっぱりジョージがいいね

ァプールに来た時に行った店があるので、そこにぜひ」という井上さんの再三の計らいで、「カレー屋探しの旅」へと今度は8人ほどで向かう。ホテルからは10分もかか

77　ビートルズ像

The Beatles Statue
Pier Head,Liverpool,L3 1BY

　アルバート・ドックに隣接しているピア・ヘッドは、リヴァプールにある埠頭のひとつ。「スリー・グレイシズ（美をつかさどる3女神）」と呼ばれる、産業革命以降の繁栄を今に伝える3つの建物「ロイヤル・ライバー・ビルディング」「キュナード・ビルディング」「ポート・オブ・リヴァプール・ビルディング（ドック・ビルディング）」がそびえ立ち、2004年には「リヴァプール海商都市」の名称でユネスコ世界遺産に登録された。フェリー乗り場や「ビートルズ・ストーリー」の別館もあるここピア・ヘッドに、2015年12月4日、ビートルズ4人の大きな銅像がお目見えした。これは、エンパイア・シアターでのビートルズのイギリス最終公演から50周年を記念したもので、ジョンの妹ジュリア・ベアードによって除幕式が行なわれた。“63年のビートルズ”をイメージして作られたこの銅像の作者は、彫刻家アンディ・エドワーズ。キャヴァーン・クラブを運営するキャヴァーン・シティ・ツアーズから委託され、20万ポンドの製作費をかけた1.2トンにも及ぶこの像は、リヴァプール市に寄贈され、リヴァプールの新たな観光スポットとして人気を集めている。

らない距離にあるその場所に着いたら、なんとインド料理店がモロッコ料理店に変わっていた。

「Kasbah」という名のその店に入ると、壁にはモロッコの帽子を被った(というよりも強引に写真で修正して頭にのせた)ポールとジョンの写真が飾ってあった。さすがはリヴァプールである。席に着くと、ジョンとポールと同じえんじ色の帽子がテーブルの上に置いてある。食べる時はこれを被るらしい。何気なく帽子の裏を見てみたら、「機関車トーマス」のお出迎えだ。リンゴがナレーションした子供向けの人気番組にここで出会えるとは、さすがはリヴァプールだと二度感心した。頼んだのは、もちろんモロッコの伝統料理クスクスである。ついでにモロッコ・コーヒーも。出てきたクスクスの量の多いこと。途中で飽きるぐらいの量の多さ(と味?)で、お皿はほぼLPサイズだった。

8時に店を出て、いったんホテルに戻る。夜はまた有

78　ライバー・バード(ロイヤル・ライバー・ビルディング)
Liver Bird (Royal Liver Building)
Liverpool Waterfront,Liverpool,L3 1HU

ライバー・バードは、1911年からピア・ヘッドに建つ「ロイヤル・ライバー・ビルディング」の時計台の上に2羽とまっている。古くからリヴァプールのシンボルといわれている鳥で、その起源は13世紀にまで遡り、サッカー・チーム「リヴァプールFC」のエンブレムにもなっている。映画『イエロー・サブマリン』にも登場するほか、2001年6月18日にポールに授与された勲章(97年にサーの称号を得た時に授与されるはずだったもの)にも、ライバー・バードがあしらわれている。ライバー・バードのモデルは「鵜」といわれており、昔からさまざまな言い伝えがある。2羽の鳥のうち、1羽はメスで港の方を向いて船員の安全を見守り、もう1羽はオスで街の方を向いて市民の平和と安全を見守っている。さらには、メスの方はハンサムな船乗りが港にやってこないかを見ていて、オスの方は市内のパブが開いたかどうかを見ているという、ユーモラスな解釈もある。そして、もしライバー・バードが飛び立ってしまったらリヴァプールは存在しなくなるといわれており、ライバー・ビル屋上の2羽は、何本ものワイヤーで頑丈に固定されている。

左上／モロッコ料理店で初めてクスクスに挑戦　左下／食べる時に被るえんじ色の帽子を無理やり被せられたポール　右／帽子の裏は「機関車トーマス」

志によるリヴァプールのゆかりの地ツアーの「パブ編」である。9時ごろに15人ぐらいでまず向かったのはジャカランダ［79］——ビートルズの初代マネージャーだった

79　ジャカランダ

The Jacaranda
23 Slater Street,Liverpool,L1 4BW

当時29歳のアラン・ウィリアムズが58年9月に開いた「ジャック」の愛称で呼ばれるコーヒー・バー。美大生のジョン、スチュ、ロッド・マレー、ビル・ハリーのほかに、ポール、ジョージ、ピート、ジェリー・マースデン、ロリー・ストームなども常連客だった。60年5月30日、ジョニー・ジェントルとのスコットランド・ツアーから戻ったシルヴァー・ビートルズは、ジャカランダへの初出演を果たす。ギャラは飲食物での現物支給で、地下の演奏ステージは非常に狭く、ガールフレンドたちが床にしゃがみこみ、先にマイクをくくりつけたほうきの柄をマイク・スタンド代わりに持っていたという。シルヴァー・ビートルズはジャカランダに計12回出演したといわれている。ジャックは一時期「マクシー・サン・スージー」と名前を変えて深夜営業のパブになっていた時期もあったが、その後、店名をジャカランダに戻し、96年に再オープン。この時にはピート・ベスト・バンドがステージを飾った。2011年には再度閉店したものの、2014年に営業を再開して現在に至る。地下にはアランに頼まれてジョンとスチュが描いた壁画が今も残っている。

ジャカランダの1階に飾られた、デビュー前がやはり多いビートルズの写真の数々

アラン・ウィリアムズが、もともと58年にオープンしたコーヒー・バーだ。何度か閉店したり、店名を変えて復活したりしていたが、2014年に営業を再開したようだ。ジョンとスチュが描いた壁画が地下にそのまま残ってい

アラン・ウィリアムズ
Allan Williams

1930年3月17日、ランカシャーのブートル生まれ。初代マネージャーとしてハンブルクにビートルズを送り込んだ、デビュー前の功労者である。リヴァプールで「ジャカランダ」と「ブルー・エンジェル」を経営し、60年5月から61年4月までグループの出演契約交渉やマネージャー的な仕事を行なった。73年8月15日にアランはアップルのオフィスでジョージとリンゴに会い、62年12月にビートルズがハンブルクのスター・クラブで行なったライヴ・テープを5000ポンドで購入しないかと持ちかけ、ジョージとリンゴはジョンとポールへのテープのコピーを依頼した、というエピソードがある。75年には自虐的なタイトルの回想録『ビートルズを逃した男(邦題:ビートルズ派手にやれ!/ビートルズはこうして誕生した)』を出版。2016年12月30日に惜しまれつつこの世を去った。

るという、奇跡的なパブである。2008年に来た時には牧野さんと地下でビールを飲んだりしたが、地下は現在はイベントやライヴで使われる空間に変わったようで、この日もアコースティック・ギターを抱えた女性が1人で歌っていた。地下がひとつのスペースとして囲われてしまったことで壁画が以前よりも見づらくなり、しかもところどころさらに剥げ落ち、壁画の前に手すりまでついてしまった。「景観」が損なわれてしまったのが残念でならない。

ジョンとスチュが描いた壁画を眺めながらビールを飲むという楽しみがなくなったため、店を変えることにした。ジャカランダから歩いて3〜4分の距離にあるブルー・エンジェル［80］もアラン・ウィリアムズが61年にオープンした店で、ここも、60年5月にシルヴァー・ビートルズがビリー・フューリーのバック・バンドのオーディションや、60年8月にピート・ベストがビートルズの（名ばかりの）オーディションを受けた重要な場所だ。あいにく閉まっていたので、それならと向かった場所は、昼に入らずに引き返してきたイー・クラック［65］である。捨てる神あれば拾う神あり、だろう。

左／ジャカランダの地下は、いつの間にやら「ライヴ&イベント」スペースに
右／ジョンとスチュが描いた貴重な絵

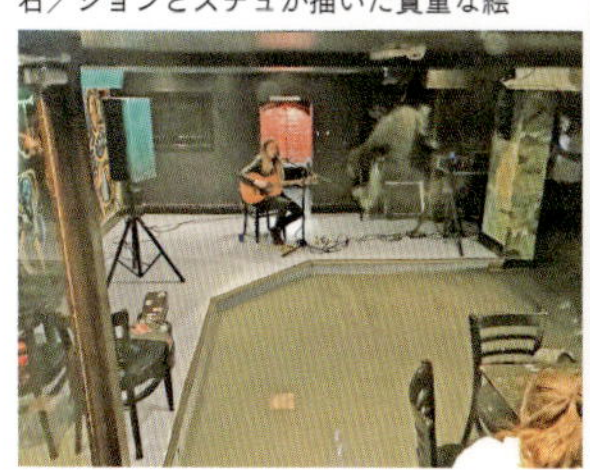

“ディセンターズ”にまつわる逸話を記したプレート

雨で濡れた歩道が明かりに照らされて、何とも言えない輝きを放つ。あたりは人通りが少なく、たまに車が走る程度。教会や古い町並みを通り過ぎ、9時頃にイー・クラックに着いた。昼に見た佇まいとは一変し、ポツンとひとつ、地元のお客さんを迎えるこぢんまりとしたパブのイメージだった。中に入ると、居心地の良さが際立つ。ジョンの行きつけだった証がところどころにある。リヴァプール・カレッジ・オブ・アートの学生だったジョン、スチュ、ロッド・マレー、ビル・ハリーの4人がここに集まり、リヴァプールを有名にしようと画策した“ディセンターズ（異議を唱える者）”にまつわる逸話を記したプレート（ビルとロッドが2003年に制作）もしっか

80　ブルー・エンジェル

The Blue Angel Club
108 Seel Street,Liverpool,L1 4BL

61年3月22日、アラン・ウィリアムズが開店したナイト・クラブ。店名はドイツ人女優マレーネ・ディートリッヒ（63年11月、「ロイヤル・ヴァラエティ・パフォーマンス」でビートルズと共演）の1930年の映画『嘆きの天使（英題：The Blue Angel）』から取られ、店内には彼女の大きな写真が飾られていたという。元の店名は「ワイヴァーン・ソーシャル・クラブ」と言い、60年5月10日にシルヴァー・ビートルズが興行師ラリー・パーンズのもと、ビリー・フューリーのバック・バンドのオーディションを受けた場所である。この時の縁でシルヴァー・ビートルズは、ジョニー・ジェントルとのスコットランド・ツアーに参加することになる。60年8月12日には、ピート・ベストがビートルズ加入のための（形だけの）オーディションをここで行ない、その4日後に彼らはハンブルクへと旅立っていった。マージー・ビートの業界人もこの店の常連で、ビル・ハリーからの紹介でブライアン・エプスタインが初めてシラ・ブラックの「ボーイズ」を聴いたのもこの店である。エプスタインは、翌日すぐに彼女と契約を結んだという。

雨で濡れた歩道が眩いイー・クラックからの帰り道

りこの目で確認した。

ビールは各自、カウンターでそのつどお金を払って手にするのはロンドンもリヴァプールもパブはどこでも同じだが、大きく違うのは値段だろう。安いのはもちろんリヴァプールで、ロンドンの3分の2ぐらいだった。味は好みがあるので一概には言えないが、ギネスはたしかに美味しい。日本ではもっぱらエビスビールを好んで飲むが、一言で言えば、ロンドンとリヴァプールは「ハズレがない」ということだろう。

店内では、いくつかのグループに分かれ、ビートルズやロンドンやリヴァプールなどについて、あれやこれやと話が弾む。途中、お茶会のMさんがリヴァプール・カレッジ・オブ・アートの学生と親しくなったという話をしてくれたりする中、私はチズウィックに行ったKさん、Oさん、Mさんと話し込んだ。たまたま行きの機内でKさんが、隣になった静岡のSさんから、70年代にとんでもない体験をしているという話を聞いたという。

かいつまんで言うと、74年2月に日本の音楽雑誌の企画でイギリスのビートルズ・ツアーに参加した際に、アルヴィン・リーのコンサートを観に行くことになった。それで会場に着いたら、ポール&リンダ、ジョージ&パティ、デニー・レイン、ロッド・スチュワート、キース・エマーソンほか錚々たるミュージシャンがやって来て、ポールとジョージも楽しげに会話をしている。開演前に2人が会場から出て行ったので、後を追い、リンダと一緒に階段の途中にいたポールに声をかけ、白いハンカチを差し出してサインを書いてもらった。そうしたら"McCartney"の"y"の字がハンカチを広げていた掌にかかってしまった。"Sorry"というポールの声を聞いたら知らぬ間に気絶してしまい、意識が戻ったら、階段の途中だったのでそのまま落ちないか心配したポールがずっと肩を支えてくれていた…。

その話をKさんから聞いた時、あまりに衝撃的な内容に、「なんだそりゃ！」とこれまた飛び上がって驚いたばかりだったので、その話をOさんとMさんにしたら、「そんな日本人、ほかに誰もいない」との反応。当然だろう。それにしても、すごいメンツが集まったものだ。

よもやま話で盛り上がり過ぎ、気づいたらもう夜の11時になっていた。ほろ酔い気分でアデルフィ・ホテルに戻る。リヴァプール2日目の旅はこれで終了。10代半ばから20代前半までのビートルズの4人の足跡を追いかけた雨のリヴァプール。想い出がまたひとつ、である。

・10月20日【リヴァプール】

リヴァプール3日目。ツアーの実質的な最終日である。

さらに時代を遡り、4人が生まれてから10代の思春期を過ごしたゆかりの地を中心に、貸切バスで移動しながら、幅広くまわる予定だ。この日は、文字通り「ビートルズはここで生まれた」ツアーと言っていいだろう。

朝は、他の日よりは多少ゆっくり過ごし、10時前にホテル前に停車していた貸切バスに乗る。ずっと伸ばしっぱなしの髪の毛は普段はゴムで結んでいるが、なんとなく気分転換をしようかと結ぶのをやめて、ラフな帽子を被ることにした。

そんな出で立ちで最初に向かったのは、エンプレス・パブ〔81〕――リヴァプールに来たら見逃せない重要な場所のひとつだ。ロンドンのアビイ・ロードの横断歩道もそうだが、レコードのジャケットに使われた場所は、ビートルズ関係じゃなくてもやっぱり訪れたくなるものだ。エンプレス・パブは、リンゴの最初のソロ・アルバム『センチメンタル・ジャーニー』のジャケットで知られる場所で、すぐ近くにはリンゴが生まれ育った家がある。88年に最初にこのパブを間近で見た時の感動も忘れられない。

ここに来るのはこれで3度目となるが、遠目から斜めに建物に目をやると、変わらずワクワクした気持ちになる。ここで、本書の写真を数多く提供してくださったKさんからこんな提案を受けた。

「4人が生まれ育ったリヴァプールのゆかりの地では、藤本さんの写真は残さないといけません！」

有難いことだと申し出を素直に受け、これ以降は、ほぼ、どの場所でも必ず、時にポーズも決めながら写真をたくさん撮ってもらった。ロンドンでの『アビイ・ロー

エンプレス・パブの前で、『センチメンタル・ジャーニー』のパロジャケを制作

81　エンプレス・パブ

The Empress Pub
93 High Park Street,Liverpool,L8 3UF

リンゴが育った2番目の家があるアドミラル・グローヴ通りの角にあるパブ。離婚によりシングル・マザーとなった29歳の母エルシーは、3歳のリンゴを抱えていくつもの職に就いて家計をやりくりしていたが、自宅から徒歩1分の距離にあるこの店でもバーテンダーとして働いていた。70年3月に発売されたリンゴのファースト・ソロ・アルバム『センチメンタル・ジャーニー』の表ジャケットには、このパブの写真が使われている。撮影は70年代にさまざまなアーティストのアルバム・ジャケットを手掛けたリチャード・ポラック。写真がコラージュされたジャケットでは入口にリンゴが立ち、窓からは母エルシーや身内の人たちが顔を出している。裏ジャケットは、パブの向かいに以前あった雑貨店の写真である。

ド』のパロディ・ジャケット写真に続き、このエンプレス・パブで『センチメンタル・ジャーニー』のパロディ・ジャケットを撮ってもらったのは言うまでもない。

エンプレス・パブは、しかしながら2008年に来た時と大きく異なる点がふたつあった。ひとつは、建物の外観が少し変わっていたことだ。3階建ての3階の窓に、安っぽいビートルズの顔が描かれていたのだ。

「なんでこんなふうにしちゃったんだろう」

見た瞬間にそう思ったが、それより何より、正面から見た時に目に飛び込んできた1階の左手の入口の上の文

★アルバム『センチメンタル・ジャーニー』
Ringo Starr『Sentimental Journey』
70年3月27日にイギリスで発売されたリンゴのファースト・ソロ・アルバム（英7位・米22位）。『アビイ・ロード』の録音が終わり、今後自分は何をすべきかを考えたリンゴは、他のメンバーや家族からの勧めもあって、自らが幼少時代に慣れ親しんだスタンダード曲のカヴァー集を作ることを思い立つ。選曲は母エルシーが好きだった曲を中心に、家族や親類たちにも相談のうえで決定。全体のプロデュースはジョージ・マーティン、各曲のアレンジはそれぞれ別のアレンジャーに依頼するという、まさに「友人たちからの手助け」のもとに制作されたアルバムである。12曲のアレンジャーは超豪華な面々で、クインシー・ジョーンズ、モーリス・ギブ（ビー・ジーズ）、エルマー・バーンスタイン（映画音楽で有名なアメリカの作曲家）、リチャード・ペリー（73年のアルバム『リンゴ』をプロデュース）などに加え、旧友クラウス・フォアマンやポールもアレンジを手掛けている。

字を見て目を疑った。そこにはこう書かれてあった——。
TO LET
DO YOU WANT TO RUN THIS PUB?
なんと、営業停止状態だったのだ。2008年に来た時は、牧野さんと一緒に中に入り、奇妙な笑い声を発するヴェラという女性や、カウンターでずっと長話をしているアル中のおじさんをはじめ、キャラの立った地元の人たちと楽しいひとときを過ごすことができた。それもこれまでのイギリス旅行の思い出深い出来事になっていたので、その文字を目にした時は、残念な思いでいっぱいだった。
そう言えば、2008年にはエンプレス・パブの向かいや周辺には人がまだ住んでいたのに、いまはほとんど人気（ひとけ）がない。リンゴが生まれ育ったこのディングル地区が再開発されるという話がその後に持ち上がった影響だろうか。
ちょっぴり寂しい思いで、エンプレス・パブの斜向かいの道を入ったリンゴの生家［82］へと向かう。やはり人っ子一人いない、閑散とした雰囲気が漂う。誰かが、生家の向かいの家の1階の上の壁に何か文字があるのに気がついた。よく見てみたらすぐにわかった——“BEATLES”と書かれている。こういう遊びは大歓迎だ。

82　リンゴの生家（1番目の家）
Ringo's Birthplace（1st House）
9 Madryn Street,Liverpool,L8 3TT

ディングル地区は、リヴァプールでも下級階層の人々が住んでいる地域で、地元では「湿ったスラム街」と呼ばれていた。ここに19世紀後半、港湾労働者向けに建てられた長屋式のレンガ造りの建物があり、この9番地の2階の部屋で、1940年7月7日、28歳の父リチャードと26歳の母エルシーとの間に生まれたのがリンゴである。その約1ヵ月後にドイツ軍による空襲が始まる。リンゴは子供の頃に焼け跡や防空壕で遊んだ記憶があると話している。その後、43年に夫婦は離婚。父リチャードは彼の両親が住む（同じ通りにある約100メートルほど離れた）マドリン・ストリート59番地に引っ越し、数年後に母エルシーも、逆方向にあるアドミラル・グローヴに住む友人と住まいを交換してこの家を離れる。リンゴは2008年の「リヴァプール8（想い出のリヴァプール）」で、ここマドリン・ストリートとアドミラル・グローヴのことを歌っている。一時この建物は取り壊しの危機に瀕していたが、2016年2月に市議会は、エリア全体を保存する決定を下した。

またエンプレス・パブの方に戻り、パブの右手の道をちょっと歩くと、今度はその後にリンゴが育った2番目の家［83］がある。「10」と書かれた長屋の、ピンクに塗られた窓枠はあまり趣味の良いものではないと感じたが、ビートルズ・デビュー後の63年までリンゴが家族と住んでいた場所である。『センチメンタル・ジャーニー』のジャケットに地元の写真を使うリンゴの地元想いの優しさが沁みる。この家を正面に眺めた後に、顔を右に向けると、エンプレス・パブの“後ろ姿”が目に入る。裏側から見ると、それほど風変わりな建物には見えないから不思議だ。

まだバスには戻らない。エンプレス・パブの近くにリンゴが通ったセント・サイラス・プ

リンゴの生家の向かいに浮かぶ、見覚えのある名前

ライマリー・スクール[84]という名の小学校があるからだ。すでに何度も名前が出てきたビリー・フューリーは、この小学校でリンゴの同級生でもあった。

リンゴが育った家に来たついでに、エンプレス・パブの裏側（右手）も見る

リンゴが幼少時代を過ごしたゆかりの地を30分ほどかけてまわった後は、ようやくバスに戻り、リヴァプール・ジョン・レノン空港[85]へと向かう。ここもこれまでには行ったことのない場所だった。30分ほどで空港に着いたが、数ヵ月前にロンドンでテロがあったせいだろう、警戒が厳重で、空港の中にはなかなか入れない。10分ほど待ち、中へ入ると、「平和を我等に」「イマジン」「真実が欲しい」などの歌詞の一部が白い壁面に書かれ

83　リンゴが育った家（2番目）

Ringo's House（2nd）
10 Admiral Grove,Liverpool,L8 8BH

1945年、リンゴと母エルシーは、アドミラル・グローヴ10番地にある築120年の家に引っ越した。マドリン・ストリートの元の家からは徒歩2〜3分の距離。1階に2部屋、2階に2部屋の長屋スタイルは最初の家と同じだが、間取りがもっと狭いこの家には、エルシーの友人家族がなんと5人で住んでいた。エルシーは友人と相談のうえ、お互いの家を交換することに決める。友人にとっては部屋が広くなり、エルシーにとっては家賃が安くなるうえに別れた夫が住む家からも遠くなる、とお互いにとって好都合だった。54年4月、リンゴがもうすぐ14歳になる頃、エルシーは、ロンドンから来たペンキ職人ハリー・グレイブスと再婚する。ハリーとリンゴはすぐに打ち解け、中古のドラム・セットをリンゴに買い与えたのもこの義父だった。リンゴはロンドンに移り住む63年までこの家に住んでいた。玄関を出るなりファンにもみくちゃにされたリンゴが、ジョージが運転席で待つ車に乗り込む様子が映像に残っている。65年にエルシーとハリーは、リンゴがウールトンの郊外に購入した広い家に移り住み、余生をここで過ごした。

84　セント・サイラス・プライマリー・スクール

St. Silas Primary School
8 High Park Street,Liverpool,L8 3UQ

リンゴが通った小学校。アドミラル・グローヴの家からは歩いて数分の距離にある。同級生には（73年に映画で共演する）ビリー・フューリーがいた。入学して1年、6歳の時にリンゴは盲腸炎から腹膜炎を併発。2ヵ月間昏睡状態に陥り、何度か手術が行なわれ、入院期間は約1年に及んだ。学校に戻っても読み書きができず、授業についていけないリンゴに勉強を教えてくれたのは、マドリン・ストリート10番地に住む4歳年上のお姉さんのような存在の友人、メアリー・マグワイア（現在はオフィシャル・ビートルズ・ガイドを務める）だった。結局、イレブン・プラス（11歳児上級試験）を受けられなかったリンゴは、近所にあるディングル・ヴェイル・セカンダリー・スクールへ入学することになる。しかし、そこでも13歳の時に風邪から胸膜炎、さらには肺結核を引き起こしてしまい、さらに2年間の入院生活を強いられてしまう。

85　リヴァプール・ジョン・レノン空港

Liverpool John Lennon Airport
Speke Hall Ave,Speke,Liverpool,L24 1YD

もともとはスピーク空港と呼ばれていた、リヴァプール南端にある1930年開港の国際空港。62年、デビュー曲のレコーディングのためにビートルズがロンドンに旅立ったのもこの空港である。64年7月10日、主演映画『ハード・デイズ・ナイト』のプレミア上映のために凱旋した時には、1500人のファンが彼らを出迎えた。86年の新滑走路建設により、ビートルズが利用した当時のターミナル・ビルは閉鎖され、現在はホテルになっている。2001年7月、オノ・ヨーコがここを訪れ、「リヴァプール・ジョン・レノン空港」への名称変更がアナウンスされた。個人の名前が空港に付けられるのはイギリスでは初。翌年3月には再びヨーコによってロビーに設置されたジョンの銅像の除幕式が行なわれた。2メートル以上あるこの像の作者は、リヴァプールの彫刻家トム・マーフィー。アルバート・ドックに建つビリー・フューリーの像、ライム・ストリート駅に建つケン・ドッドとベシー・ブラドックの像も彼の作品である。外の広場には、84年の国際ガーデン・フェスティバル用に製作されたイエロー・サブマリンのモニュメントが2005年から設置されている。

ているのがすぐに目に飛び込んでくる。その名のとおり、ジョン・レノン色がたしかに強い。売店前の“above us only sky”なんていう「イマジン」の歌詞を引用したフ

空港内に堂々とそびえ立つジョンの銅像

レーズなどは、良いセンスだと思ったけれども。

一番の見ものは、空港ができた翌年の2002年に設置されたジョン・レノンの銅像である。ピア・ヘッドのビートルズ像よりもはるかに巨大なこの銅像の作者は、ピア・ヘッドのビリー・フューリーの像と同じトム・マーフィーによるものだ。ここで、ツアー仲間からのリクエストで、結んでいる髪の毛をおろしてジョン・レノン風の出で立ちで写真を撮られたりもしたが、これはなかなかに恥ずかしい思い出なので、写真はナシ。

それにしても、「ビートルズ空港」ならいざ知らず、リヴァプールを離れてニューヨークに移住したジョンの名前だけが付いた空港名になったのは、なぜだろうか。亡くなったということはもちろんあるし、ヨーコの尽力も大きいのだろうけれど、やはり「ビートルズ空港」のほうがしっくりくる。外に出ると、ここにも映画『イエロー・サブマリン』のモニュメントが設置されていた。『イエロー・サブマリン』はどうやらリヴァプールでも人気が高いようだ。

バスに戻り、リンゴが住んでいたディングル地区に続き、ここから「生家&育った家ツアー」が本格的に始まる。

10分ぐらいバスに揺られてまず着いたのは、**ポールが5歳から8歳まで住んだ「5番目の家」**[86]である。「いきなり5番目とはなんてマニアック！」と思われるかもしれない。普通の「ビートルズ・ツアー」ではなかなか足

86 ポールが育った家（5番目）

Paul's House（5th）
72 Western Avenue,Speke,Liverpool,L24 3US

ポールが家族と住んだ5番目の家。1947年8月、ポールが5歳の時に助産婦だった母メアリーがスピーク住宅団地に勤務することになり、エヴァートンの共同住宅から家賃無料のこの長屋式住宅に一家で転居してきた。小さかったポールと弟のマイクは、隣家の庭に石を投げこむなどいたずら盛りだったという。一家は50年秋までこの家に住むことになる。

を運べない場所である。井上さんならではの長年の経験が、これ以降、特に生きるのを何度も実感させられるのだ。ということでお楽しみはこれから、である。

また10分ほどバスに乗って向かったのは、**ジョージが6歳からビートルズがレコード・デビューする19歳までの長い期間住んだ「2番目の家」［87］**だ。アプトン・グリーンにあると聞いて即座に反応する人は、かなりのマニアだろう。この後まわる、ジョージが最初に住んでいたアーノル

87 ジョージが育った家（2番目）

George's House（2nd）
25 Upton Green,Speke,Liverpool,L24 2UL

ジョージが家族と住んだ2番目の家。一家は18年間も順番待ちをした後、50年1月にようやくリヴァプール南部スピーク地区にあるアプトン・グリーン25番地の新しい公営住宅に転居することができた。風呂や立派な寝室もあるこの庭付きのテラスハウスは、アーノルド・グローヴの家よりもはるかに上等で、家の前には子供たちが安心して遊べる緑地帯もあった。ジョージにとってはリヴァプールで一番長く住んだ家であり、62年10月までの12年以上にわたってここで暮らした。ここからリヴァプール・インスティテュートへ同じバスに乗って通っていたのが、近所に住むポールだった。ジョージは13歳になるとギターに熱中し、兄ピーターとともに近くの英国在郷軍人会で演奏したこともある。58年12月20日にはこの家で兄ハロルドの結婚披露パーティーが行なわれ、ジョージはクォリー・メンのメンバーとして家族の前で演奏を披露した。この家の前で撮影された、円形の緑地帯をバックにギター・ケースを持って微笑むブレザー姿のジョージの写真（153ページ）が特に有名である。

ジョージが育ったアプトン・グリーンの家の前で、ギター・ケースの代わりにスマフォでポーズ。右の写真は、ジョージの自伝『I ME MINE THE EXTENDED EDITION』(2017年 Genesis Publications Ltd)より

ド・グローヴの家は、映画『ザ・ビートルズ～EIGHT DAYS A WEEK』でもジョージが語っているように、風呂もない長屋だったが、ここは家の周りも広々とした、緑も多い落ち着きのある場所だった。

アプトン・グリーンのジョージの家から歩いて5分ほどの場所にあったのが、**ポールが8歳から13歳まで過ごした「6番目の家」**[88]だ。ポールが子供の頃にここまで家を転々としていたのはちょっと意外な気もするが、この後にポールが移り住んだのが、今はナショナル・トラストが管理しているフォースリン・ロードの家――リヴァ

88　ポールが育った家(6番目)

Paul's House (6th)

12 Ardwick Road,Speke,Liverpool,L24 2UA

ポールが家族と住んだ6番目の家。母メアリーがスピーク地区の巡回保健師となったため、50年秋にウェスタン・アヴェニュー72番地からここアードウィック・ロード12番地の公営住宅に一家で越してきた。わずか2ブロック先(徒歩で5～6分)のアプトン・グリーン25番地には50年1月からジョージ一家が住んでおり、2人は同じバスでリヴァプール・インスティテュートに通っていた。この後ポール一家は56年4月にスピーク地区を離れ、ポールにとってはリヴァプール最後の、そして最も重要な家「フォースリン・ロード20番地」へ引っ越すことになる。

プールで住んでいた最後の家となる。

ポールとジョージのゆかりの家を交互にまわってきたが、次は順番通り、ジョージが19歳から22歳まで住んだ「3番目の家」[89]――というよりも、実際はジョージの家族がもっぱら住んでいた家である。ポールとジョージのこれらの家に来たのは今回が初めてだったが、自力で探してまわったらどれだけ時間がかかったことだろう。

「ここまでマニアックにゆかりの地をまわらなくてもいいのに」

そんな声も聞こえてきそうだが――いや、実際に聞こえてきたけれど(笑)、彼らが子供の頃に住んでいた家をこうして実際に何ヵ所かまわってみて思うのは、どんな環境で育ち、どういう縁でビートルズの4人が結び付いていったのかということだ。そこに思いを巡らせると、「ビートルズ誕生」までの道筋が実感できる。残るジョンの家は、もう少し後のお楽しみである。

またバスに乗って移動する。5分ほどでバスを降り、しばらく歩くと、左手に古い教会が見えてきた。エンプレス・パブと並ぶ、いやそれ以上に重要な場所――57年7月6日にジョンとポールが出会ったセント・ピーターズ教会[90]である。88年の最初の渡英時には行く時間が取れ

89 ジョージが育った家(3番目)
George's House (3rd)
174 Mackets Lane,Hunts Cross,Liverpool,L25 8TQ

ジョージが家族と住んだ3番目の家。一家は62年からここマケッツ・レーン174番地の公営住宅で暮らした。しかし、ビートルズの人気とともにこの場所もファンに知られることとなり、大量のファンレターが届くだけでなく、ジョージを一目見ようとするファンがドアの前まで押し寄せる事態になってしまった。ついにはジョージの父親がバスの運転手を辞め、家族はリヴァプールを離れ、ジョージがウォリントンに購入した家に65年に移り住むことになる。

ず、2008年の時は「マジカル・ミステリー・バス」で牧野さんと行ったが、バスの窓から眺めただけで終わった痛恨の場所でもあった。

だが今回は、歩きながら徐々に見えてくるという状況がまずいい。教会に向かう手前の墓地で、ある名前が刻まれた墓石を探す。わりとすぐに見つかった。"JOHN RIGBY"の名前が上部に目立つように書かれ、その下の方に"Also ELEANOR RIGBY"の文字がしっかりと刻まれたエリナー・リグビーの墓〔91〕である。

小学校から臨むセント・ピーターズ教会
（提供：山田 勉氏）

セント・ピーターズ教会に着いて最初に向かったの

90 セント・ピーターズ教会

St.Peter's Church
26 Church Road,Liverpool,L25 5JF

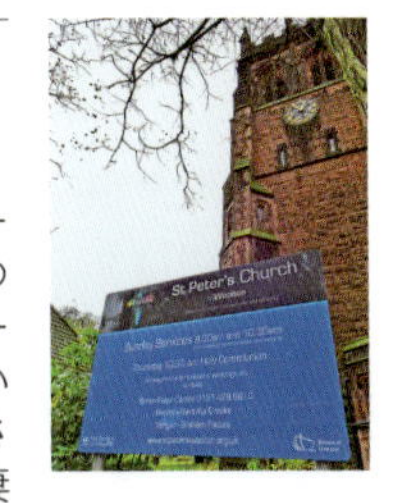

1887年に建てられたウールトン地区チャーチ・ロードにあるアングリカン（英国国教会）の地区教会で、英国の文化的歴史的遺産「グレードII」に指定されている。ジョンが住んでいたメンディップスからは徒歩15分程度の近さで、ジョンは子供の頃からミミおばさん夫妻とともに礼拝に訪れていた。教会の墓地には、その（ジョンの育ての親でもある）ジョージおじさんの墓もある。57年7月6日（土曜日）、ここで行なわれた恒例の夏祭りにクォリー・メンが出演。この出演はジョンの親友でありクォリー・メンのメンバーでもあったピート・ショットンの母親（教会委員会に所属していた）が押さえてくれたものだった。この夏祭りの場で、当時16歳のジョンと15歳のポールが、共通の友人アイヴァン・ヴォーンの紹介により運命的な出会いを果たすことになる。

91　エリナー・リグビーの墓

Eleanor Rigby's Grave
26 Church Road,Liverpool,L25 5JF

セント・ピーターズ教会の墓地にエリナー・リグビーの墓があることが、イギリスの『サン』紙によって84年に報道された。1915年に72歳で亡くなったジョン・リグビー一家の墓石の中にエリナー・リグビーという名前があり、彼女は1939年10月10日に44歳で亡くなったと刻まれている。また、近くにはマッケンジーという墓石まで存在したため、これらが66年の楽曲「エリナー・リグビー」のヒントになったのではないか、と話題になったが、ポール自身はこのことについてはコメントしておらず、真相は不明である。

は、教会の裏庭にある小学校だった。「どんなゆかり」があるのかわからなかったが、ジョンとポールが出会った日に、クォリー・メンが、予定されていた3回のステージの最初の演奏を行なったのがこの校庭だったという。

続いて、教会から道路をひとつ隔てた場所へと移動する。その正面に向かって歩いていくと、チャーチ・ホールが見えてくる。この場所こそ、ジョンとポールが出会った場所〔92〕として名高い「聖地」だ。午後1時をちょっとまわった時刻。やっとここに来られたと、ほっと一息つく。「出会いの場所」を明示するプレートの前で、みんな写真を撮りまくる。

帰り際にチャーチ・ホールの左手にまわり、記念にと赤レンガの小石をひとつ（勝手に）もらってきた。ついでながら、2008年に来た時は、フライアー・パークの内部に落ちていたドクダミの葉っぱを（勝手に）もらってきた。ポール宅のチラシ〜ジョージ宅のドクダミ〜ジョンとポールの出会いの場所の小石。ロンドン&リヴァプールの記念の品は、よりどりみどりである。

バスで移動してはいるものの、どこもそれほど離れているわけではない。そして、ここでようやく、「生家&育

左／ジョンとポールの出会いの場所であることが記載されたプレート
右／チャーチ・ホールの前も、一気に撮影大会に

92 ジョンとポールが出会った場所（セント・ピーターズ・チャーチ・ホール）

The place where John met Paul for the first time（St.Peter's Church Hall）
Church Road,Liverpool,L25 6DA

57年7月6日、セント・ピーターズ教会の夏祭りで、クォリー・メンは16時15分、17時45分（実際に行なわれたかどうかは不明）、20時の3回のステージが予定されていた。彼らを見るために、ポールはフォースリン・ロードの自宅から自転車に乗ってここにやってきた。最初のステージは教会の裏庭（現在は小学校の校庭になっている）で行なわれ、演奏終了後にメンバーが楽器をボーイスカウト小屋に運び入れている最中に、ジョンとポールはアイヴァン・ヴォーンを介して初めて会話を交わした（クォリー・メンのメンバー、コリン・ハントンによる証言）。

その後、彼らは、夜のステージ会場であるチャーチ・ホール（セント・ピーターズ教会とは道路を隔てた向かい側）に移動。ホールの中で出番を待つ間に、ポールはジョンのギターのチューニングをやり直し、「トゥエンティ・フライト・ロック」や「ビー・バップ・ア・ルーラ」など数曲を演奏。さらにはピアノを使って「ロング・トール・サリー」まで披露した。この出会いに衝撃を受けたジョンは、悩んだ末にポールをグループへ誘うことを決断する。現在、チャーチ・ホールの外壁には、2人の出会いを記念する銘板が取り付けられ、ホール内でクォリー・メンが演奏した「実物のステージ」は、アルバート・ドックにあるリヴァプール博物館のミニ・シアター内に展示されている。

った家ツアー」のジョンの出番となる。リヴァプールに来たら絶対に来るべき場所と強調したくなるストロベリー・フィールド[93]とメンディップス[94]である。ロンドンのサヴィル・ロウにあるアップル・ビルに初めて来た時に、こんなところにこんな「聖地」があるのかと驚いたが、ストロベリー・フィールドを初めて訪れた時も、同じような感慨があった。写真で見ているのと実際にその場に来てみるのとは大違いである。写真ではあんなに堂々とした佇まいなのに、来てみると、ひっそりとした場所に実に幻想的に存在している——ストロベリー・フィールドには、そんな雰囲気が漂っているのだ。

いまふと思ったが、もしかしたら、ロンドン&リヴァプールのゆかりの地の中で、ストロベリー・フィールドが最も好きかもしれない。ジョンの家の近くにあり、遊び場でもあったという思い出や、「ストロベリー・フィールズ・フォーエバー」という名曲の力もあるのかもしれないが、そこに佇むだけで、現実と非現実を結ぶ摩訶不思議な空気を感じるのだ。

こんなにひっそりとした場所にあるのに、いつ来ても人が切れることがない。フライアー・パークに続いて井上さんに記念の集合写真を撮っていただき、すぐそばに停まっているバスに乗り込む。その前に、アメリカから来たビートルズ・ファンの年配の男女がそれぞれ写真を撮っていたので、それなら一緒に撮った方がいいだろうと思い、スマートフォンを受け取り数枚撮ろうとしたが、なかなかうまくいかず、ちょっと時間をくってしまった。そのため、申し訳ないことに、井上さんが今回唯一写真を自分用に押さえようとしていたストロベリー・フィールドの写真のチャンスを奪ってしまった。

ストロベリー・フィールドが裏通りにあるとすると、表通りのメンローヴ・アヴェニュー[95]側にあるのが、先

リヴァプールで最も重要なゆかりの地であるストロベリー・フィールドにて

93　ストロベリー・フィールド

Strawberry Field
16 Beaconsfield Road,Liverpool,L25 6EJ

ウールトン地区ビーコンズフィールド・ロードにあるストロベリー・フィールドの歴史は、1870年代にまで遡る。当時ここには、裕福な海運王ジョージ・ウォーレンの邸宅が建っていた。その後、持ち主が何度か変わり、1936年には救世軍によって最大40人が収容できるヴィクトリア調の孤児院が建てられる。メンディップスからは裏道を通ればほんの数分で行ける距離にあり、ジョンは毎年ミミおばさんに連れられて、救世軍のブラス・バンドが鳴り響く中、広大な敷地内で催される夏祭りを楽しんだ。70年代初頭にこの孤児院は取り壊され、79年に完成した新館は、ジョンが多額の寄付をしたことから「レノン・コート」と呼ばれた。84年1月にはヨーコとショーンがここを訪れ、さらにその年の10月9日（ジョンの誕生日）には、ヨーコが9万ポンドを寄付した。新館は元の位置からかなり西側に移動して建てられたが、もともとあった「赤い門」は世界中のビートルズ・ファンのために、そのまま残された。

2000年5月、白昼堂々この門が2人組の男性によって盗まれる事件が発生。幸い無事に門は発見できたものの、再発防止を図るためにオリジナルの門は救世軍によって別所に保管され、2011年からは精巧につくられたレプリカが設置されている。新館も2005年には閉鎖されたが、救世軍はここに学習障害者のための新たな施設と、ジョンにまつわる展示スペースを作るべく、2017年から大々的なキャンペーンを開始している。

★シングル「ストロベリー・フィールズ・フォーエバー」
The Beatles「Strawberry Fields Forever」

14枚目のオリジナル・シングルとして67年2月17日に発売され、英2位・米8位を記録したジョンの作品。メロトロンによるフルートの音色に導かれた叙情的な前半から、攻撃的な展開へと様変わりする後半への構成もダイナミックで、フェイド・アウトからフェイド・インへと繋がる斬新なエンディングも含め、全編聴きどころの連続である。“Nothing is real”が印象的な歌詞を含め、まさにジョンにしかできない、サイケデリック・ソングの範疇を超えた「ビートルズ版現代音楽」のひとつの到達点である。

94 ジョンが育った家(2番目)―メンディップス
John's House (2nd) -Mendips
251 Menlove Avenue,Liverpool L25 7SA

父フレディが航海に出て不在の中、5歳のジョンは、ペニー・レインの近くにあるニューキャッスル・ロード9番地に母ジュリアとともに暮らしていたが、1946年春に伯母のミミと伯父のジョージが住む、メンディップス(サマセット地方の石灰岩の丘に由来)という愛称で呼ばれていたメンローヴ・アヴェニュー251番地に引き取られた。酪農家のジョージ伯父さんの暮らしぶりは比較的豊かで、中流階級向けの「半戸建て住宅」(一戸建ての家を真ん中の壁で隔てて左右別々の世帯が入居する)は当時のイギリスでは一般的なスタイルであり、1933年に建てられた門構えも立派なこの家には前庭と裏庭もあった。ジョンは、ビートルズの4人の中では最も恵まれた住環境にあり、ここはジョンの40年の生涯で最も長く暮らした家となった。

55年にジョージ伯父さんが肝出血で亡くなった後も、ミミ伯母さんは家計を助けるため、リヴァプール大学と契約し、空いている部屋を学生向けの下宿として使用した。玄関の真上の一番小さな部屋がジョンの寝室で、壁にはブリジッド・バルドーのポスターが貼られ、ジョンはここでラジオのヒット曲を聴いたり、ギターで作曲をしたりした。この家で作られた曲には「ハロー・リトル・ガール」「プリーズ・プリーズ・ミー」「アイ・コール・ユア・ネーム」「アイル・ゲット・ユー」などがある。しつけに厳しく、きれい好きだったミミ伯母さんは、汚い身なりでギターを持って訪れるポールやジョージを、玄関からではなく、キッチンがある裏口から出入りさせていたという。ジョンはシンシアと結婚後の63年までここに住み、ミミ伯母さんは、65年にジョンがイギリス南部の街プールに購入した家に転居するまでここで過ごした。2000年12月9日、英国政府(イングリッシュ・ヘリテッジ)によりブルー・プラーク(青い銘板)が外壁に取り付けられた。2002年にはオノ・ヨーコがこの家を買い取り、ナショナル・トラストに寄付。その後、内外装をジョンが暮らしていた当時のままに再現し、2003年3月から一般公開された。

メンローヴ・アヴェニューにあるジョンが育った（ミミ伯母さんの）家にて

に触れたメンディップス――ジョンが5歳の時に伯母のミミと伯父のジョージに引き取られた「2番目の家」である。これなら裏のストロベリー・フィールドにスイスイ行ける。ジョンにとって、空想ごっこも含めて格好の遊び場だったことが即座に実感できる。

現在はナショナル・トラストが管理しているので、そう易々と中に入れるわけではない。事前予約が必要で、井上さんによると、一度に入れるのは15人とのことだ。今回は20人なので、井上さんは「一度に全員は無理か」と事前に問い合わせをしたが、「お役所」対応だったそうだ。それで今回は中に入るのは諦め、玄関の前まで近づいて、家の中をガン見することにした。その場にいたのは昼の1時半から15分もないほどだったが、ジョンがこの家の中でミミ伯母さんに「ギターでは食べてはいけませんよ」と事あるごとに言われたり、不良のポールや

95 メンローヴ・アヴェニュー
Menlove Avenue

86年にジョンのアルバム・タイトルにもなったメンローヴ・アヴェニューは、リヴァプール南部アラートン地区を南北方向に走る約3.5キロメートルにわたる幹線道路である。メンローヴという印象的な名前は、19世紀の終わりから20世紀の初めにかけて、この地区で健康組合の議長を務めていた地方議員アルダーマン・トーマス・メンローヴ氏に由来する。道の両側に閑静な住宅街が続く、比較的交通量の多い片側2車線の大きな通りで、この通りの251番地にジョンがミミ伯母さんと約18年間暮らしたメンディップスがある。58年7月15日(木)午後10時、メンディップスを訪れていたジョンの母ジュリア(44歳)は、ミミと別れの挨拶をし、約100メートルほど北にあるヴァイネリーズのバス停に向かって歩きだした。バス停は道路の反対側にあったため、彼女は近くまで来るとメンローヴ・アヴェニューを横断し始めた。中央の緑地帯を超え、反対側の2車線道路に足を踏み出したその時、彼女は猛スピードで突進してきたグレーの乗用車にはねられ即死した。運転していたのは、仮免許中で非番の警察官だった。

ジョージが玄関ではなく裏口から出入りさせられたりした思い出の場所である。何よりジョンが初めて曲を書いた家なのだ。15分が15時間に――というのは大袈裟だが、1時間ぐらいに感じられたほどだ。「ペニー・レイン」の歌詞に出てくるような「広い青空」が爽やかで心地好い。

バスに戻る前に、またKさんに、この家の前で「決めの写真」を撮ってもらうことになった。そうしたら、シャッターを切る直前に横から「ちょっと待った！」という声が聞こえてきた。やって来たのは、Iさんだ。ジョンが子供時代に撮ったのとポーズが違うという。そこで手と足の位置を正確に直してもらい、再度パチリ。ツアーの同行者のみなさんから、寄っ

ジョンの子供時代の写真と(ほぼ)同じポーズで一枚

ミミ伯母さん
Aunt "Mimi" (Mary Elizabeth Smith nee Stanly)

ジョンの伯母で、育ての親。本名はメアリー・エリザベス・スミス(旧姓スタンリー)。1906年生まれで、ジョンの母ジュリア・スタンリーの一番上の姉。看護師として働いていた39年、酪農家のジョージ・スミスと結婚。子供に恵まれなかった2人は、46年にジョンを引き取ることになる。奔放な母ジュリアとは異なり、ミミはジョンを厳しくしつけ、バンドを組んで練習に勤しむジョンに対し、「ギターでは食べてはいけませんよ」と口癖のように言っていたというのは有名な話である。ジョンはビートルズとして成功した65年、ミミのために、イギリス南部の街プールに、寝室が6部屋もある豪華な一軒家を購入。彼女は91年に85歳で亡くなるまで、この家で余生を過ごした。葬儀にはシンシア、ヨーコ、ショーンが参列し、ポール、ジョージ、リンゴもメッセージ入りの花輪を送った。もし81年にジョンの世界ツアーが実現していたら、ジョンはリヴァプールも訪れるつもりでいた。写真家ボブ・グルーエンはこう振り返っている。「ジョンは久しぶりのイギリスも楽しみにしていたよ。友人やミミ伯母さんに会えるって」と。

てたかっていじられるなんて、なんて運が良いんだろう。でも、いま見比べてみたら、あら、惜しいことに顔の向きが微妙に違っていた…。

「ミミ伯母さん宅前の子供時代のジョンごっこ」が終わり、バスに戻って昼食を食べる場所へと向かう。

今回のツアー前に、井上さんにこう言われていた——「喜ばせようと思っている場所が2ヵ所ある」と。その最初の場所が、この直後に訪れるセフトン・パーク・ホテル[96]である。ここに行くことは、事前に井上さんから聞いていた。スチュアート・サトクリフの家族が、スチュが亡くなる前の61年から70年まで住んだ、ちょっとしたゆかりの地である。ホテルの入口には、それを記したプレートもあった。

そのホテルで昼食をとれるなんて！　20人と多いので、井上さんが事前に各自の要望を聞き、ホテルのスタッフに伝えていた。選べるメニューはステーキ、フィッシュ&チップス、ハンバーガー。選んだのはもちろん、カレーに気を取られていてすっかり忘れていたフィッシュ&チップスだった。と思ったら、3分の2以上の人がフィッシュ&チップスを頼んでいた。

96　スチュが育った家（セフトン・パーク・ホテル）
Stuart Sutcliffe's House（Sefton Park Hotel）
37 Aigburth Drive,Sefton Park, Liverpool,L17 4JE

ジョンの美術大学の友人、スチュアート・サトクリフ一家の家。現在はセフトン・パーク・ホテルとして営業している。スチュは1940年にエディンバラで生まれ、父は船員、母は教師で、2人の妹がいた。リヴァプール郊外のハイトンに転居した後、スチュは地元のパーク・ビュー小学校に通うが、その後、一家はセフトン・パークを見おろすエグバース・ドライヴ37番地にある豪華なヴィクトリア調の邸宅に落ち着くことになる。スチュはこの家のフラット1に住んでいた。プレスコット・グラマー・スクールに通い、リヴァプール・カレッジ・オブ・アートへ進学したスチュは、この家を出てパーシー・ストリート7番地で一人暮らしを開始。ほどなくして、学友のロッド・マレーとジョンとの3人で、大学のすぐ近くにあるギャンビア・テラスで共同生活を始める。セフトン・パーク湖を一望できる三つ星のセフトン・パーク・ホテルには16室のゲスト・ルームがあり、200名まで収容できる結婚式場や、地元産の新鮮な食材を使用した料理が楽しめるレストランやバーも併設されている。

内装がきれいな、ゆったりとくつろげる高級感のあるホテルで、「ビートルズのメンバー」の中でスチュが最も育ちが良いことがわかる、そんな心地の好い場所だった。ビールも飲みながら、1時間半ほどゆったりくつろいでホテル内にある「オコナーズ」というレストランで昼食を楽しむ。トイレなどがある、ちょっと下った階段の脇は、さながら「スチュアート・サトクリフ記念館」の様相だ。スチュの自筆のスケッチやデッサン、アストリット・キルヒヘル撮影によるビートルズ在籍時の写真などが壁一面に飾られていた。

続いて向かったのは、**ポールがリヴァプールで最後に住んだ「7番目の家」**［97］となるフォースリン・ロードの自宅である。ポールがジョンと出会ったのは、この家に住んでいた時——と書くとちょっと感慨が増すだろうか。ジョンとポールが並んでギターをかき鳴らす写真（撮影はポールの弟マイク）が撮られた家でもあり、ポールはここで「アイル・フォロー・ザ・サン」などを書いた。同じくマイクが撮影した、自宅の裏庭でギターを抱えて写るポールの写真は、アルバム『ケイオス・アンド・クリエイション・イン・ザ・バックヤード～裏庭の混沌と創造～』のジャケットにも使われた。

ポールが2018年6月にリヴァプールにやって来た時に、60年代前半以来久しぶりに足を運んだこの自宅は、ジョンが住んでいたミミ伯母さんの家と同じく、現在はナショナル・トラストが管理している。ちょうどここに着いた時には、ナショナル・トラストの小型バスが家の前に停まっていた。これでポールが住んでいた家は5番目から7番目まで順にまわってきたことになるが、フォースリン・ロー

上／スチュが育った家で、昼食はフィッシュ＆チップス
下／セフトン・パーク・ホテルにある、スチュアート・サトクリフにまつわる思い出の品々

スチュアート・サトクリフ
Stuart Sutcliffe

ビートルズの重要なオリジナル・メンバーの1人。1940年6月23日、エディンバラ生まれ。父の影響から絵の勉強を始め、リヴァプール・カレッジ・オブ・アートに入学し、ジョンと出会う。60年1月、ジョンに誘われてベーシストとしてバンド（当時の名前はThe Beatals）に加入するが、ハンブルク・ツアー中にアストリット・キルヒヘルと出会ったこともきっかけとなり、画家を志すためにビートルズを脱退。ハンブルクの芸術大学に進学し、アストリットと婚約するが、62年4月10日に脳溢血により、21歳の若さでこの世を去った。ポールが嫉妬したといわれるほど、ジョンは（音楽以外の）彼の才能に惚れ込んだ。ビートルズは67年の『サージェント・ペパーズ…』のジャケットに彼を登場させている。

★「アイル・フォロー・ザ・サン」
The Beatles「I'll Follow The Sun」
58年、ポールが16歳の時にフォースリン・ロードの自宅で書いた曲。60年にジョン、ポール、ジョージ、スチュの4人がポールの自宅に集まってこの曲を練習している貴重な音源が『アンソロジー』の映像版で流れる。ポールは「居間で書いた。インフルエンザの治りかけだったけどタバコを吸っていた。16だったけど」と発言している。

97 ポールが育った家（7番目）

Paul's House（7th）
20 Forthlin Road,Allerton,Liverpool,L18 9TN

ポール一家は、56年4月の終わりにスピーク地区アードウィック・ロード12番地の公営住宅から、アラートン郊外フォースリン・ロード20番地のテラスハウスに転居した。ポールにとってはこの7番目の家がリヴァプール最後の家となる。寝室が3部屋あり、前庭、裏庭もあるこの家は、これまでの住まいよりもはるかに快適で、何より家の中にトイレがついていることが一家にとっては画期的だった。閑静な住宅地にあるこの家に移ったのは、次はより良い環境へ、と心がけていた母メアリーの意向だったが、彼女は転居まもなくの56年10月31日に乳がんのため47歳で亡くなってしまう。この時父ジェイムズは54歳、ポールは14歳、弟マイクは12歳だった。メアリー亡き後は小さなキッチンでポールが料理もしたという。

57年7月6日のジョンとの運命的な出会い以降、この家は2人にとっての恰好のリハーサル・ルームとなった。ジョンのミミ伯母さんとは違い、ポールの父ジェイムズは自らがバンドマンだったこともあり、息子の音楽活動には寛容だった。ジョンは足繁くこの家に通い、ジェイムズのピアノがあるラウンジで2人はギターを突き合わせ「アイ・ソー・ハー・スタンディング・ゼア」「ワン・アフター・909」「ラヴ・ミー・ドゥ」「ホエン・アイム・シックスティ・フォー」「シー・ラヴズ・ユー」など何十曲もの曲を書き溜めた。ポールは63年までこの家に住み、その後ジェイムズとマイクは、ポールがヘズウォールに購入したレンブラントと呼ばれる大邸宅に移り住む。フォースリン・ロードの家は95年にナショナル・トラストが買い取り、当時に近い状態に復元されて一般公開されている。

ドに着いてみると、この家が一番大きいのがわかる。

そうしたら、ちょうど家の中の「見学」を終えた一行が出てきた。それを見た名古屋のNさんが、「せっかく来たんだから、中に入れてくれよ」といきなり言う。

以下、楽しいやりとり――。

「15人単位じゃないと入れないので、今回は諦めました」

ポールの自宅の近くにある郵便ポスト
ジョンとジョージへの手紙がここから投函されたのかと思うと…（提供：岩堀 敬氏）

「じゃあ、じゃんけんで決めよう」

「負けたら入れなくなりますよ」

「それならそれでいいよ」

これも旅の楽しみのひとつだ。あ、そもそも予約をしていないんですが…（笑）。

家の中を見学していた一行が、ナショナル・トラストの小型バスに乗り込もうとしているので、ちょっと目をやると、さきほどストロベリー・フィールドで写真を撮ってあげた年配の男女の姿が見えた。デトロイトから来たという。ビートルズの聖地を求めて、リヴァプールには世界中の人々がやって来る。

旅も後半になると、全員イギリスにも慣れてきて、たとえば愛知県のSさんとYさんと静岡県のSさんがウマが合って仲良くなったり、ビートルズが取り持つ縁で、今回のツアーがなければそうはならなかった出会いも生まれた。それに、海外のビートルズ・ファンとのちょっとしたやりとりもいいものだ。そういえば、ポールの家では、ちょっと気が緩んだのだろうか、ここでも悪いク

★アルバム『ケイオス・アンド・クリエイション・イン・ザ・バックヤード～裏庭の混沌と創造～』
Paul McCartney『Chaos And Creation In The Backyard』

ポールが久しぶりに（ほぼすべてを）1人で録音した、『マッカートニーIII』ともいえるビートルズ色の強いアルバム。2005年9月12日に発売され、英10位・米6位を記録した。ジョージ・マーティンの推薦によりナイジェル・ゴドリッチが共同プロデューサーに起用されたが、ナイジェルとの折り合いが悪く、ポール自身はこのアルバムからの曲を発売直後以外には演奏していない。ジャケット写真は弟マイケルが撮影した62年の自宅のポール（タイトルは「Our Kid Through Mum's Net Curtains」）。この写真が撮られた部屋からは、窓枠越しに当時と変わらない「裏庭」の様子を見ることができる。

セが出て、2008年の時のフライアー・パークに次いで、家の入口のプレート近くの「葉っぱの塊」を記念にもらってきてしまった。

またバスに戻り、この後は「ゆかりの学校ツアー」である。10分ぐらいでバスを降り、しばし歩く。セント・ピーターズ教会の時もそうだったが、「ゆかりの地」のすぐ近くに着いて「ここです」というような、「マジカル・ミステリー・バス」ツアーのようなベルトコンベア的な動きじゃないのがいい。バスを使いながらも、古い町並みを実際に歩きながら、目的地に辿り着く。リアルタイムのビートルズ世代が多いことを考慮した井上さんならではの配慮がありがたい。

まず着いたのは、クォリー・バンク・グラマー・スクール[98]——ジョンが52年に入学した中学校である。門の中を覗いてみたら、閑散とした印象で、生徒は誰も残っ

98 クォリー・バンク・グラマー・スクール

Quarry Bank Grammer School
Harthill Road,Liverpool,L18 3HS

1921年に設立された、緑に恵まれた広い敷地に建つグラマー・スクール。52年9月にこの男子校に入学したジョンは、メンローヴ・アヴェニューの自宅メンディップスから約2キロメートルの距離を緑色の自転車で通学した。ジョンは学友ピート・ショットンと並んで札付きのワルで、学校の規律にことごとく反抗し、停学処分になることもしばしばだった。勉強にはまったく関心がなく、成績表には「望みなし。他の生徒のじゃま。落第するのは確実」と書かれていた。

しかし、56年に35歳の新しい校長ウィリアム・アーネスト・ポブジョイが赴任すると状況が変わった。彼は権威主義的だった前校長とは違って規律にはあまりうるさくなく、ジョンが57年3月に結成したスキッフル・バンド「クォリー・メン」が7月の第6学年ダンス会で演奏することも許可した。さらにポブジョイはジョンの美術の才能を見抜き、ミミ伯母さんと連絡をとり、卒業時点で落第点だったにもかかわらず、リヴァプール・カレッジ・オブ・アートに入学できるよう推薦状を書いた。この学校は現在カルダーストーンズ・スクールという男女共学校となり、建物は英国の文化的歴史的遺産「グレードII」に指定され、クォリー・メンが演奏した講堂も現存している。

ていないようだ。ジョンがメンディップスの自宅から自転車通学していた姿を想像しつつ、雰囲気を楽しみながら歩く。

バスに再び乗り、ペニー・レインをここでは通り過ぎ、ジョンとジョージが通っていたダブデイル小学校[99]へ。いかにもリヴァプールの郊外にあるこぢんまりした住宅地に密着した小学校という印象だ。88年にも来たが、30年近く経って大きく違っていたのは、ジョンが46年5月から48年7月まで幼児部に通っていたことを記したプレートが設置されていたことだ。それを見ると、ヨーコが多額の寄付をしたことがわかる。ジョージの名前も入れてあげればいいのに、とそれを見て思った。

夕方の4時半をまわり、ダブデイル小学校のすぐそばにある、先ほど素通りしたペニー・レイン[100]に戻る。ストロベリー・フィールドと並ぶリヴァプールの名所のひとつだ。そのままビートルズの曲名になっているのはここだけである。理髪店、銀行、ラウンドアバウト…ポールが歌い込んだ風景が目の前に広がる。中でも、現在は「トニー・スレイヴィン」という名前になっている理髪店

99 ダブデイル小学校

Dovedale Road Junior School
Herondale Road,Liverpool,L18 1JX

ジョンが1946年から52年まで通った小学校（最初の2年間は幼児部）。1948年には2学年遅れてジョージもここに入学した。ジョージの兄ピーターとジョンは同じクラスだったが、在学中にはジョンとジョージは面識はなかった。ジョンはこの小学校に通っている時にユニークな絵や物語をたくさん書くようになり、52年6月、彼が11歳の時に描いたサッカー選手とインディアンの絵は、74年に発売されたソロ・アルバム『心の壁、愛の橋』のジャケットやブックレットで見ることができる。また、ジョンはここで習った「イエロー・マター・カスタード」という曲の歌詞の一部を「アイ・アム・ザ・ウォルラス」に流用している。後年、ジョンはヨーコを連れてこの小学校を訪れており、ジョンの死後、ヨーコ自身も多額の寄付をしたうえで、2001年7月と2010年9月に再訪している。

★シングル「ペニー・レイン」
The Beatles「Penny Lane」
「ストロベリー・フィールズ・フォーエバー」とのカップリングで14枚目のオリジナル・シングルとして67年2月17日に発売され、英2位・米1位を記録したポールの作品。ポールは郷愁の地として、ペニー・レイン周辺で生活を営む理髪店、銀行員、消防士、看護士などの日常を情景豊かに浮かび上がらせている。サウンドも、これぞポールという陰りのまったくない明快な仕上がりだ。とりわけ間奏のピッコロ・トランペットの高らかな音色が、開放的なイメージを決定づけている。

100 ペニー・レイン
Penny Lane
Penny Lane,Liverpool,L18 2DG

ペニー・レインはリヴァプール中心部からやや南、セプトン・パークの東側に位置する通りの名前である。北東側のチャーチ・ロードと南西側のグリーンバンク・ロードを結ぶ約1キロメートルにわたる直線の道路で、最北端のスミスタウン・プレイスには、曲中に出てくる理髪店、銀行、ラウンドアバウト（ロータリー）が集まっている（消防署だけは別の場所にある）。ペニー・レインという名前は地区全体の総称でもあるが、18世紀の奴隷商人ジェームズ・ペニーに由来するといわれている。過去には「名称を変えるべきでは？」という声も上がったが、リヴァプール市当局はこれを退けた。ジョンの最初の家（ニューキャッスル・ロード9番地）は、ラウンドアバウトから歩いて数分の距離にあり、ジョンとジョージが通ったダブデイル小学校は、ペニー・レインの通りを曲がってすぐの場所。ポールはラウンドアバウトの向かい側にあるセント・バルナバス教会の聖歌隊で約2年間歌い、クォリー・メンはセント・バルナバス・チャーチ・ホールで何度も演奏している。ペニー・レインはメンバーにとって文字通り“in my ears and in my eyes”な場所なのである。

［101］は欠かせない。理髪店のディスプレイの下に『ウィズ・ザ・ビートルズ』（63年）のジャケットの写真の4人を横に並べ、「ビートルズが曲を書き、歌い、やって来た場所」であることをしっかり宣伝している。値段を見たら、カットのみは8ポンド（16歳以下は7ポンドで65歳以上は5ポンド）、カット後に洗って乾かしたい人は12ポンド、ヒゲも剃りたい人は＋2.5ポンド――髪もヒゲも長いので、ペニー・レインでヒゲを剃ったら良い記念になったかも、といま思った。

ラウンドアバウトの向かい側にあるセント・バルナバ

101 ペニー･レインの理髪店（トニー･スレイヴィン）

The Barber Shop In Penny Lane（Tony Slavin）
11 Smithdown Pl,Liverpool,L15 9EH

ポールが「ペニー・レイン」で歌った理髪店は、今でもラウンドアバウトの向かい側で営業している。当時は「ビオレッティ」という店名だったが、現在は店主が変わり「トニー・スレイヴィン」となっている。森高千里が97年のアルバム『PEACHBERRY』の中で歌った理髪店の名前は後者である。ポールの父ジェイムズは、ポールとマイクの髪が伸びると、いつもこの理髪店に連れてきていたという。曲中に歌われている理髪店の様子は、まさにポールが幼少時に見た実体験に基づいていたわけである。そしてもちろん、ジョンとジョージもこの理髪店の常連だった。「トニー・スレイヴィン」は、厳密にはペニー・レインではなくチャーチ・ロードに面して建っている。2010年2月には正真正銘のペニー・レインの通り沿いにまったく別の理髪店がオープンし、「理髪店戦争勃発か？」と話題になった。かなりのファンが間違えて新しい方の店を訪れているようだが、こちらの店名はシンプルに「ザ・バーバー・ショップ」。理由は、トニー・スレイヴィンのオーナーが「ペニー・レイン・バーバー・ショップ」の使用権を持っているからだという。さすがである。

ス教会［102］は、ポールが聖歌隊で歌った場所だ。ポールは、2018年にリヴァプールを訪れた際にも、ここで歌ったことや、弟が結婚式を挙げたことをうれしそうに語っていた。今回は足を運べなかったが、ジョンがジュリアと過ごした最初の家も、歩いて数分の距離にある。

2008年に牧野さんと来た時は、ジョンが過ごしたミミ伯母さんの家の近くからバスでペニー・レインに向か

ビートルズを誇らしげにアピールするペニー・レインの理髪店

102 セント・バルナバス教会

St.Bernabas Church
Smithdown Pl,Liverpool,L18 1LZ

1914年に完成したペニー・レインのラウンドアバウトの向かい側にあるアングリカン(英国国教会)の地区教会。英国の文化的歴史的遺産「グレードII」に指定されている。ポールはスピーク地区アードウィック・ロード12番地の(6番目の)家に住んでいる時に、この教会の聖歌隊のメンバーだった。彼は91年のBBCドキュメンタリーで当時のことをこう話している——「僕たちは飾り襟のついた聖歌隊の服を着ていてね。周りの人たちからはまるで小さな天使のように見えていただろうけど、でも違ったんだ。もし結婚式があれば10シリングもらえる、という大きな約束があってね。僕は何週間も何ヵ月も待ったんだけど、結局、結婚式なんて一度もなかったのさ」。教会の中でポールが実際に座っていた席には、"Paul McCartney Sang Here 1954-1956"というプレートが取り付けられている。それから約26年後、82年5月29日には弟マイクがここで結婚式を挙げ、大勢のファンが詰めかける中、リンダと式に参列したポールはマイクのベスト・マンを務めた。

い、ゆっくり食事をしてから「ある場所」を歩いて探しまくった。だが、すぐ近くにあるのはわかっているのに、どうしても見つからない。たまたま通りがかった車を運転する女性に聞いて、すぐそこにあることがわかった「ある場所」——今回はバスで向かうので、安心である。その場所とは、アーノルド・グローヴにあるジョージの生家[103]だ。細い路地に並ぶ、路地の右手突き当たりから4番目の「12」と書かれた家、その風呂なしの長屋がジョージの生まれ育った家だ。

2軒手前の家の子どもが、友達とサッカーで遊んでいる。蹴ったボールが車にボンボン当たっても、お構いなしだ。そうしたらボールがこっちに飛んできたので、思わず蹴り返した。

ジョージの生家を後にして、またバスで、今回のツアーの最終地となった場所へと向かう。井上さんが貸切バスの中で電話をかけて何やらやりとりをしている。どう

アーノルド・グローヴにあるジョージの生家にて。右隣の部屋（10番）が売出し中になっていたので、「買うのも悪くないかも？」と一瞬思った私はやっぱりジョージ好き…

103　ジョージの生家（1番目の家）

George's Birthplace（1st House）
12 Arnold Grove,Liverpool,L15 8HP

国王ジョージ4世にちなんで名付けられたジョージ・ハリスンは、1943年2月25日午前0時10分、ウェバーツリー地区アーノルド・グローヴ12番地の2階の寝室で生まれた（ただし、ジョージ本人は92年に「本当は2月24日生まれだ」と述べている）。1階2部屋、2階2部屋の長屋式のこの家に、ジョージは父ハロルド、母ルイーズ、姉ルイーズ、長兄ハロルド、次兄ピーターの6人で約7年間過ごす。家賃は週10シリング（50ペンス）で風呂はなく、屋外トイレは裏庭にあった。冬の寒さは特に厳しく、暖房はキッチンにあった小さな暖炉ひとつだけ。道路側に面した1階のリビングは寒すぎて誰も使わなかったという。ジョージは5歳になると、兄ピーター（ジョンと同級生）がすでに入学していたダブデイル小学校に通う。通学距離は2キロメートル弱だった。ハロルドとルイーズは市議会の住宅希望者一覧に登録していたが、18年間待った末にようやく順番が回ってきた。一家は50年1月1日にここを出て、スピーク地区アプトン・グリーン25番地の新しい公営住宅に転居する。自身の生家に愛着を持っていたジョージは、後に妻オリヴィアとともにアーノルド・グローヴを訪れている。

やらちょっと遅れ気味のようだ。「ペニー・レイン」の地名が書かれたプレートを見られなかったのを残念がる人も中にはいたが、その最終地には、すでに予約を入れているらしい。ここで気づいた――「喜ばせようと思っている場所が2ヵ所ある」と井上さんが言っていたもうひとつの場所に違いないと。

バスに20分ほど乗って向かったのは、デビュー前のビートルズの最重要地、カスバ・コーヒー・クラブ［104］である。時刻は夕方の5時半をまわっていた。ここも2008年に行けずに涙を呑んだ場所だったので、感慨もひとしおだ。ツアー参加者全員、この予期せぬ"プレゼント"に大喜びだった。

カスバ・コーヒー・クラブは、ピート・ベストの母モナ・ベストが作った店としてファンによく知られている場所だ。しかも59年8月の開店前にクォリー・メンのメ

104 カスバ・コーヒー・クラブ
The Casbah Coffee Club
8 Hayman's Green,West Derby,Liverpool L12 7JG

57年、リヴァプール北東部ウェスト・ダービーの住宅地にあるヘイマンズ・グリーン8番地に、ピート・ベスト一家が越してきた。全15部屋を有するビクトリア調の3階建ての豪邸に転居する元手になったのは、2年前にピートの母モナが競馬の大穴で当てた当選金だった。モナは音楽に熱中しているピートと弟ローリーのために、自宅の地下を改装して会員制のクラブを作ることを思い立つ。クラブの名前は、モナのお気に入りの映画『カスバの恋』にちなんで「カスバ・コーヒー・クラブ」と名付けられ、開店準備のために地下室のペンキ塗りに駆り出されたのがジョン、ポール、ジョージと、クォリー・メンのメンバーとなるケン・ブラウンだった。

59年8月29日、300人以上のファンが詰めかける中、クラブのオープニングを飾ったのがクォリー・メン。その約1年後、ドラマーとして別のバンドを組んでいたピート・ベストは、ポールに誘われる形でビートルズに加入。ハンブルクから帰国後も彼らはカスバに出演し続け、62年6月24日の閉店までに計44回のステージをこなした。最初の1年間でカスバの会員数は1000人を超え、広い庭にはピート目当てのファンが寝泊まりしていたという。カスバの建物は2006年に英国の文化的歴史的遺産「グレードII」に指定され、ジョン、ポール、ジョージ、シンシア、ピート、モナが当時壁に描いた絵などもそのまま残されている。

ンバーが内装を手伝い、それがそのまま残っているという、いわばジョンとスチュの絵が残っている「ジャカランダ」の100倍ぐらいスケールを大きくした伝説的な場所である。それがきっかけとなり、翌60年8月にピートはビートルズに加わることになるわけで、リヴァプールに現存する「聖地」と本気で呼べるのはここだけ、と言ってもいいぐらいだ。

井上さんがバスの中で電話をしていたのは、ピートの異父兄弟（父親はニール・アスピノール）のローグ・ベストだった。しかし、着いた時はローグの姿はなく、出迎えてくれたのは、ピートのすぐ下の弟（同じく異父兄弟）のローリー・ベストだった。

中に入り、ローリーさんの懇切丁寧な解説に耳を傾け

ピート・ベスト
Pete Best

ビートルズの元ドラマー。1941年11月24日、インドのマドラス（現・チェンナイ）生まれ。60年8月、ビートルズがドイツ・ハンブルクへのツアーに向かう時にポールに誘われてバンドに加入。62年8月16日、ビートルズのデビュー直前に解雇された。ブライアン・エプスタインの計らいによるリー・カーティス・アンド・ジ・オールスターズへの参加（62年）をきっかけに、ピート・ベスト・アンド・ジ・オールスターズを結成（63年）。デッカとのレコード契約後、デッカの要請でバンド名をピート・ベスト・フォーに改め、シングル「アイム・ゴナ・ノック・オン・ユア・ドア」でデビューするがヒットせず。その後メンバーの脱退に伴ない、ピート・ベスト・コンボへと改名し、その間4枚のシングルと1枚のアルバムを発表。68年に音楽業界をやめた後、リヴァプールで公務員の職に就く。
88年にビートルズ・コンヴェンションへの出演を機に、実弟ローグ（母モナとニール・アスピノールの実子）とピート・ベスト・バンドを結成し、95年と2013年には来日公演を行なった。2013年の来日の際には取材をする機会があり、ジョージが亡くなる前（98年）に会ったというネット情報について確認したところ、62年8月以来、ビートルズのメンバーとは誰一人会っていないと語っていた。

モナ・ベスト
Mona Best

1924年1月3日、インド生まれ。ピート・ベストの母。59年8月29日にリヴァプールの自宅の地下にカスバ・コーヒー・クラブを開店。クォリー・メンが開店からほどなくして（金銭トラブルを理由に）カスバへの出演を降りた後、ピートに新品のドラム・セットを買い与え、彼のグループ「ザ・ブラックジャックス」を看板バンドに育てることでクラブを軌道に乗せた。ブライアン・エプスタインが登場する直前までビートルズの実質的なマネージメント業務を行なっていたのはモナとピートの親子であり、ビートルズがハンブルクから帰国後も、カスバのみならず、ほかの会場での興行をアレンジし、グループの活動を支援したのもモナだった。62年6月24日、モナは実母の死と、来月に迫った自身の出産（ニール・アスピノールとの子、ローグ）を理由にカスバを閉店した。ジョンは『サージェント・ペパーズ…』のジャケット撮影時にモナに電話をし、モナの父の勲章を借りたという。88年9月9日死去。

ローリー・ベスト
Rory Best

1945年1月生まれ。ピート・ベストの3歳年下の弟。ただしピートとは異父兄弟である。59年に彼は母モナからジョージと同じ新品のギター（フューチュラマ）を買ってもらったが、一度も弾くことはなかったという。2002年には兄ピート、弟ローグと3人で、カスバ・コーヒー・クラブの歴史を綴ったビジュアル本『ザ・ビートルズ：ザ・トゥルー・ビギニングズ』を出版した。現在はローグとともに、今もベスト家が所有するカスバ・コーヒー・クラブのガイドをつとめている。

る。店の成り立ちやピートのこと、ビートルズの他のメンバーとの関わり、内装のこと、ライヴのこと……などなど。リヴァプール訛りの英語ということもあって、聴き取れた言葉が多かったわけではないけれど、熱心に拝聴した。

カスバ・コーヒー・クラブができた経緯は、ピート・ベストの自伝『もう一人のビートルズ―ピート・ベスト・ストーリー』(85年)に詳しく書かれているが、そうした書籍でしか目にしたことがない写真の「実物」がすべてここにあるのだ。たとえば開店時にメンバー全員で手伝った内装――ポールが赤・青・黄のペンキで塗った天井や、同じくジョンが星を描いた天井、ピートが描いた蜘蛛の巣や、ピートがモナと描いた龍などである。奥の部屋には、シンシアが壁に描いたジョンのシルエット――60年5月10日のビリー・フューリーのバック・バンド用のオーディションで演奏するリーゼントのジョンの前かがみの姿を描いたもの――もそのまま残っている。

それ以外にも、壁にジョンがナイフで書いた“JOHN”という文字や、同じく赤い天井にジョンがナイフで書いた“JOHN IM BACK”の文字(後者はハンブルク巡業から戻った直後に書いたものだろう)など、「歴史的」という言葉でも足りないものがそのままあり、それを見ると、目にしているのが信じられない気分にすらなってくる。

追い打ちをかけるように、クォリー・メン時代のジョンとポールがケン・ブラウンらと演奏した「場所」も、ほとんど変わりなく

まさか来られるとは思っていなかった
カスバ・コーヒー・クラブ

「ここ」にある。

昼食を楽しんだセフトン・パーク・ホテルが「スチュアート・サトクリフ記念館」だとしたら、カスバ・コーヒー・クラブは、クォリー・メンやデビュー前のビートルズの足跡を真空パックした「ピート・ベスト記念館」だ。貴重な写真や当時の記事などの資料が、年代順に壁一面に、所狭しと展示されている。

通して見終わった後の「お土産コーナー」も充実している。ピートのサイン入り写真（15ポンド）なんていうのもあったが、ピートの自伝にまざって、見たことのない、カスバ・コーヒー・クラブの歴史を追った大型本もあった。井上さんと一緒に監修作業をした『サージェント・ペパー50年』という書籍に、『サージェント・ペパーズ…』のジャケット撮影用にジョンがモナ・ベストの父トーマス・ショウ少佐の勲章を付けたという記述が出てくるが、その御礼にジョンがモナに、アルバムや手紙以外にも、ジャケットに写っているトロフィーなどを贈っていたということを、ロー

上／ジョンがナイフで書いた“JOHN”
中／“蜘蛛の巣”のステージの天井にジョンがナイフで書いた“JOHN IM BACK”
下／シンシアが白ペンキで壁に描いたジョンのシルエット

上／ピートが蜘蛛の巣を描いた正面のステージ
左／ジョンが天井に描いた数々の星（提供：岩堀 敬氏）
下／クォリー・メン時代のジョンとポールがケン・ブラウンらと演奏した「ミニ・ステージ」。天井を塗ったのはポール

ピートとモナが描いた龍

リーさんの丁寧な説明で初めて知った。

予定にまったく記載されていなかったこの最重要地を1時間近く隈なく見て、ローリーさんに別れを告げた。今回のツアーのハイライトは、間違いなくカスバ・コーヒー・クラブである。井上さんの粋な計らいに深く感謝したい。

バスでホテルにいったん戻り、井上さんとKさんと3人で夕食を食べようと、夜の7時半にマシュー・ストリートを抜けてハード・デイズ・ナイト・ホテルへ。井上さんの勧めで、『サージェント・ペパーズ…』のアートワークを手掛けたピーター・ブレイクにちなんで名付けられたハード・デイズ・ナイト・ホテルに隣接する「ブレイクス・レストラン」へと向かう。まずはホテル内のビートルズゆかりの写真などをしばらく眺め、その後レストランに入ったが、金曜の夜ということもあって、8時半以降は貸切とのことで断念。窓際に写真がずらっと並んでいたので、よくよく見てみたら、『サージェント・ペパーズ…』のジャケットの登場人物が大集合したものだった。

それじゃあと、ロンドンでカレーを食べそこなった時と同じく、近場の「ピッコリーノ」というイタリア料理店でミートボール入りのパスタを食べた。そして、リヴァプール最後の夜にもう一度と思い、キャヴァーン・クラブへと向かう。夜の9時近くになっていたが、思う存分楽しむことにした。

ザ・キャヴァーン・クラブ・ビートルズという専属のトリビュート・バンドが出演するとあって、見どころが増えた。ただし、金曜から日曜はしっかり入場料（5ポンド）を取り、ザ・キャヴァーン・クラブ・ビートルズのライヴはさらに別料金だった。だが、さすがに週末。入って

ピーター・ブレイク
Peter Blake

1932年6月25日、ケント州ダートフォード生まれのイギリス人画家。60年代にはイギリスで最も有名なポップ・アーティストの1人となった。67年、ロンドンの画廊経営者ロバート・フレイザーの推薦により、ピーターと当時の妻ヤン・ハワースの2人は『サージェント・ペパーズ…』のアルバム・ジャケットを制作することになる。ピーターが参加する前からジャケットのアイデアは決まっていたが、彼はコラージュではなく実際にスタジオに等身大のセットを作ることを提案。ビートルズのメンバーには、各自が載せたい人物のリストを依頼した。写真を撮影したのはカメラマンのマイケル・クーパー。ピーター夫妻は、アルバムに封入されたペパー軍曹のカット・アウトのデザインも行ない、報酬として約200ポンドを受け取った。84年のバンド・エイドのシングル「ドゥ・ゼイ・ノウ・イッツ・クリスマス」のジャケットと翌年の「ライヴ・エイド」のポスターも、彼の手によるものである。83年にはCBE勲章(MBEより2階級上)を授与され、2002年にはサーの称号を得ている。

みたら、2日前に来た時以上のすごい熱気だ。

ザ・キャヴァーン・クラブ・ビートルズの演奏は2回ある。Kさんによると、太っちょポールで有名とのことで、どれどれと思ってみてみたら、たしかに顔がぷっくらしていて、ちょっと相撲の舛ノ山に似ている。といって、どれだけのビートルズ・ファンがわかるかはわからないが。気づくと、愛知のMさんや名古屋のMさん2人(ともに女性)、埼玉のSさんほか、同行の女性陣がかぶりつきで嬌声を送っている。本物じゃないのに、本物を見たように我を忘れてのめり込めるのも、ビートルズが生んだ大きな魅力だろう——しかもここはリヴァプールのキャヴァーン・クラブなのだから、盛り上がらないわけがない。

第1部の演奏が終わり、キャヴァーン・クラブでも少しお土産を買おうかと思い、ポールが着ている写真につられてTシャツを購入

「ブレイクス・レストラン」の壁にずらっと並んだ写真

ザ・キャヴァーン・クラブ・ビートルズ
The Cavern Club Beatles

2011年に結成されたキャヴァーン・クラブ専属のビートルズ・コピー・バンド。前期・中期・後期すべての時代を完全再現するステージを毎週披露している。メンバーのオーディションは、ビートルズのレコーディング・エンジニアだったジェフ・エメリックが担当。ルックスだけでなく、ステージでのアクション、衣装、使用楽器まで徹底的なこだわりをみせ、そこから繰り出される「音」についても、誰もが納得する最高レベルの再現度を誇っている。毎年のインターナショナル・ビートル・ウィークへの出場のほか、イギリス国内ではロンドンのウェスト・エンドやロイヤル・アルバート・ホールにも出演。アメリカ上陸50周年を迎えた2014年2月にはニューヨークとフロリダ、映画『ヘルプ！』撮影50周年の2015年にはオーストリアのオーバータウエルンとウィーンでも公演を行なった。リヴァプール生まれの兄弟、ジョン役のジミー・コバーンとポール役のトニー・コバーン（ベースを弾く時だけは左）は、2013年のミュージカル『レット・イット・ビー』にも出演。2016年の『セッションズ』のメンバーにも選ばれており、中止にならなければ日本でも彼らのステージを観ることができたはずだった。

した。その際、剣道をやっていたので肩幅が案外あり、Mがいいと自分では思ったものの、店員に強引にTシャツをあてがわれ、「絶対にお前はSだ」と何度も言われる。編集者にはMが多いという話もあるなあと思いながら、ここでも「レット・イット・ビー」の精神を発揮し、流れに身を任せることにした。サイズは果たしてちょうど良かったのかというと――帰国後、一度も着てい

キャヴァーン・クラブのトイレに、
ジョンの名曲の一節が…

ないので、まだわからない（笑）。

そんなことをしているうちに数曲アタマが欠けてしまったものの、ザ・キャヴァーン・クラブ・ビートルズの第2部のステージを楽しんでから、キャヴァーン・クラブを後にした。ホテルに戻ったのは夜の10時半だった。ジョージの豪邸経由ロンドン&リヴァプールの旅も、こうしてついに最終章を迎えた。

おわりに

10月21-22日【リヴァプール／ヘルシンキ／名古屋】

リヴァプール4日目は、ビートルズゆかりの地ツアーの最終日——ひたすら名古屋に向けて「ゲット・バック」する日である。

アイルランドからの台風（ブライアンという名前らしい）がリヴァプールに近づいてきているようで、早朝7時過ぎにホテルを出たら、それを即座に思わせる強い風が吹いている。日本にも季節外れの台風が来ているそうだ。

「どうせなら、アンカレッジ経由で早朝3時39分に日本に着くのがいいですね」

貸切バスに乗り、1時間ほどでマンチェスターに着いたが、この時期にテロが頻発したロンドンは警備がかなり厳しかっ

マンチェスター空港の「22番」ゲートから乗り込む今回の旅の立役者・井上ジェイさん

思わぬところでポールに会えた！

たので、Iさんと、ビートルズの日本公演になぞらえて、しばし談笑する。

同じくテロ対策でぎりぎりまで発表されない搭乗口は「22番」（ピン！ときたら、ポール・ファン）がいいなあと話していたら、ホントに「22番」になった。運が良いのか悪いのかはわからないが、そんなこんなでヘルシンキに無事に着いた。

ヘルシンキでは、行きよりも時間に余裕があったので、「ムーミン・ショップ」にまず向かう。なぜかと言うと、リトル・ミーが大好きなのである。好きだと言って皆さんには驚かれたが、コースター3種と厚手の靴下を購入した。

その後は一路、名古屋へ。行きの飛行機では観ずに終わった『パイレーツ・オブ・カリビアン／最後の海賊』（2017年）を、帰りの機内でじっくり楽しむ。ポールが出ているのに映画館にすら行っていないという不届き者（？）だが、映画の内容よりも、「ポールはいつ出てくるのかな？」とそればかり気にしていた。そうしたら案外早く登場。演技はさておき、リヴァプールの伝承歌「マギー・メイ」を口ずさんでくれるなんて、ポールはさすがによくわかっている。と勝手な解釈をしつつ、ポールが出てくる場面をスマートフォンでガンガン撮りまくっていたら、よほど音がうるさかったのか、前の乗客に不審な顔で振り向かれた。そりゃそうだ。

そうこうしているうちに、名古屋に22日の朝9時前に無事に到着した。井上さんと2人で皆さんに御礼と挨拶をし、都合8日間の「ロング・アンド・ワインディング・ロード」なビートルズ・ツアーは終わった。刺激的な場面がところどころあったが、笑顔の多い楽しい旅になったのが何よりだった。

いざこうして足を運んでみると、ロンドンもリヴァプールも、9年前とはところどころ様変わりしていたが、日本の主要都市と違って、古い建物を壊さずに大事にしていること——それは、何回行っても思う大きな魅力だ。また、先に触れたように、イギリスでは今回はレコード屋には行かず、フライアー・パークの雑貨屋で手に入れた『ウイングス・グレイテスト』のオリジナル・カセットが唯一の「収穫」となった。ちなみに帰国後に最初に手に入れたのは、ロンドンのデッカ・スタジオに行った記念にと思って買った、デッカ・オーディションを収めたピクチャーLP（ハーフ・オフィシャル）だった。

名古屋のビートルズ講座がなければ絶対に実現しなかった10月15日～22日までの8日間の「冥土の土産ツアー」、いや「藤本国彦と行く ロンドン&リバプール・ビートルズゆかりの地めぐりの旅」はこれにて終了。

明日は何が起こるかわからない。「トゥモロー・ネバー・ノウズ」だからこそ、人生は面白い。「ビートルズ」で繋がった不思議な縁を感じさせるツアーは、まだまだ続く。

お疲れ様でした！

ここにも行ってみたい！
まだまだある「ビートルズゆかりの地」おススメ10ヵ所

ロンドン

105　ビートルズ4人のフラット
Beatles' Flat
57 Green Street,W1

ごく短期間ではあるが、ビートルズのメンバー4人が一緒に住んだ「唯一」の家。ロンドンでは当初ホテル暮らしをしていた彼らが、メイフェア地区グリーン・ストリート57番地にある高級フラットの5階L号室に、63年9月に入居した。しかし、ほどなくしてこの住居はファンに知れわたることとなり、ジョンとポールは同年11月に転居。ジョージとリンゴは4階I号室に一時移動したものの、64年2月に転居した。玄関先に朝から晩まで群がるファンに困った家主の要求だったという。63年10月に写真家レスリー・プライスによって撮影され、『BEATLES BOOK』の63年12月号に掲載された「階段の手すりに4人が並んで階下を見おろしている写真」が特に有名である。

106　リンゴのフラット
Ringo's Flat
34 Montagu Square,W1

65年初め、リンゴはモンタギュー・スクエア34番地にメゾネット（1階と地下）を借りる。その後、この部屋は66年にポールに貸し出された。ポールはここをデモ・スタジオとして活用し、「エリナー・リグビー」を含む新曲のデモを録音したという。67年になるとジミ・ヘンドリックスとマネージャーに転貸され、さらにジョンの義理の母リリアン・パウエル（シンシアの母親）にも貸し出されたという。68年7月には（シンシアに浮気現場を発見されケンウッドの自宅を出ることになった）ジョンとヨーコが入居し、ここでアルバム『トゥー・ヴァージンズ』の全裸のジャケット写真が撮影された。同年10月18日には警察の家宅捜査が入り、麻薬不法所持で2人は逮捕され、有罪判決を受けてしまう。この事件がきっかけで、リンゴは69年2月にこの家の賃貸契約を破棄することになった。

107　ブライアン・エプスタインの家

Brian Epstein's House
24 Chapel Street,SW1

64年12月30日、ブライアン・エプスタインは、バッキンガム宮殿にほど近いチャペル・ストリート24番地に自宅を購入した。67年5月19日にはここで『サージェント・ペパーズ…』の完成記念パーティーが催され、ポールとリンダが偶然(4日ぶり)の再会を果たした。それから約3ヵ月後の67年8月27日、エプスタインはこの家の自室のベッドの上で32歳の若さで亡くなった。検死結果は、薬物の過剰摂取による事故死だった。

108　バッキンガム宮殿

Buckingham Palace
Westminster,London SW1A 1M

65年10月26日、4000人のファンが見守る中、ジョンのロールス・ロイスでバッキンガム宮殿に到着したビートルズの4人は、午前11時からの栄誉式典で女王陛下からMBE勲章を授与された。「宮殿のトイレでマリファナを吸った」とはジョンの弁。ポールはここで97年にナイトの爵位、2018年には名誉勲章「コンパニオン・オブ・オナー勲章」を授与されている。「リヴァプールの母と父がこれを見てくれたら誇りに思ってくれるはずだよ」とはポールの弁。

109　ロイヤル・アルバート・ホール

Royal Albert Hall
Kensington Gore,SW7

「ア・デイ・イン・ザ・ライフ」の歌詞にも出てくる、世界に名だたるホール。ビートルズは63年4月18日(ポールとジェーン・アッシャーが初対面)、9月15日に出演。ジョージの最後のソロ・コンサート(92年4月/リンゴが飛び入り参加)、ポールの提唱による『モントセラト島救済コンサート』(97年9月)、ポールの『スタンディング・ストーン』のワールド・プレミア(97年10月)、ジョージの追悼コンサート『コンサート・フォー・ジョージ』(2002年11月/ポールとリンゴも出演)などでも使用されている。

ここにも行ってみたい！
まだまだある「ビートルズゆかりの地」おススメ10ヵ所

リヴァプール

110　ジョンが育った家（1番目）
John's House（1st）
9 Newcastle Road,Liverpool,L15 9HP

ペニー・レインのラウンドアバウトにほど近いニューキャッスル・ロード9番地に、ジョンが最初に住んだ家がある。ジョンの祖父母にあたるスタンリー家の家で、ジョンは生まれてすぐに母ジュリアによってここで育てられるが、父フレディが航海に出て音信不通の中、奔放な彼女は赤ん坊のジョンを置いて夜遊びに行くこともしばしばだった。このことが原因で、ジョンは生涯、暗闇を恐れるようになったという。1945年6月にジュリアは不倫関係の末に女児を出産。この子供はすぐに里子に出された。しかしジュリアはすぐに別の男性と交際を始め、1946年3月の終わりに5歳のジョンを連れてニューキャッスル・ロードの家を出て、この男性の自宅に転がり込んでしまう。彼の家には寝室もベッドもひとつしかなく、この状況を見るに見かねた姉のミミにより、ジョンはメンディップスの家に引き取られることになった。

111　ポールが育った家（1番目）
Paul's House（1st）
10 Sunbury Road,Anfield,Liverpool,L4 2TT

38歳のジム・マッカートニーと31歳のメアリー・モーヒンは1941年4月15日に結婚し、アンフィールド地区サンベリー・ロード10番地にある家具付きの家を借りた。ジムは戦闘機のエンジンを作る工場に、看護師だったメアリーは近くのウォルトン病院の産科病棟に勤務した。一家はこの年の11月に、マージー川対岸の街ウォラシーに転居する。

112 ウォルトン病院

Walton Hospital
Oakhouse Park,Liverpool,L9 1EP

1942年6月18日にポールが生まれた病院。現在はアパートになっている。母メアリーはこの病院の産科病棟で看護師と助産師をしていたので、出産にあたっては特別に個室を与えてもらえた。32歳での初産は難産で、ポールは仮死状態で生まれたが、一命をとりとめた。弟マイクも同じくこの病院で44年1月7日に生まれている。97年3月にポールの出生証明書が東京でオークションにかけられ、5万1715ポンドで落札された。

113 ブライアン・エプスタインの家

Brian Epstein's House
197 Queen's Drive,Liverpool,L15 6XU

ブライアン・エプスタインの両親は1933年に結婚し、クイーンズ・ドライヴ197番地にある庭付き一戸建ての家を購入。翌年にブライアン、2年後に弟のクライヴが生まれた。一家が約30年間住んだこの家には、キッチンとダイニングのほかに、5つのベッドルーム、2つの浴室、応接間、書斎があり、家政士と住み込みの乳母もいた。ジョンがよく打ち合わせに訪れ、63年6月18日にはポールの21回目の誕生日を祝うカクテル・パーティーが開かれている。

114 リヴァプール博物館

Museum Of Liverpool
Pier Head,Liverpool Waterfront,
Liverpool,L3 1DG

2011年7月19日にピア・ヘッドにオープンした、リヴァプールの歴史がさまざまな角度から学べる博物館。3階にはビートルズのステージ衣装をはじめとする各種メモラビリアが多数展示されている。360度スクリーンでビートルズの歴史が楽しめる併設のミニ・シアターでは、57年7月にセント・ピーターズ・チャーチ・ホールでクォリー・メンが実際に演奏に使ったステージを間近で見ることができる。定期的に入れ替わる企画展も毎回充実。入場無料。

ビートルズ「ご当地」クイズ

ビートルズのゆかりの地にまつわるクイズに挑戦！
答えられた数であなたのビートルズ級がわかります。

→ 答えは196ページにあります

ロンドン

Q1　デビュー・アルバム『プリーズ・プリーズ・ミー』のジャケットが撮影された場所は?

❶ BBCパリス・スタジオ
❷ アビイ・ロード・スタジオ
❸ EMIハウス
❹ チズウィック・ハウス

Q2　ジョンの「宝石ジャラジャラ発言」で有名な『ロイヤル・ヴァラエティ・パフォーマンス』が開催された場所は?

❶ ロンドン・パヴィリオン
❷ プリンス・オブ・ウェールズ・シアター
❸ エンパイア・シアター
❹ ロンドン・パラディアム

Q3　ポールとリンダが出会った場所は?

❶ インディカ・ギャラリー
❷ スコッチ・オブ・セント・ジェイムズ
❸ フラミンゴ・クラブ
❹ バッグ・オネイルズ

Q4　ボストン・プレイスにあったアップル関連の場所は?

❶ アップル・スタジオ
❷ アップル・ブティック
❸ アップル・エレクトロニクス
❹ アップル・ビル

Q5　トライデント・スタジオで8トラックの機材を使って初めて録音された曲は?

❶「ヘイ・ジュード」
❷「レボリューション」
❸「ホワイル・マイ・ギター・ジェントリー・ウィープス」
❹「ドント・パス・ミー・バイ」

リヴァプール

Q6　ジョンとポールが出会った場所は?

❶ リヴァプール・インスティテュート
❷ ストロベリー・フィールド
❸ ペニー・レイン
❹ セント・ピーターズ教会

Q7　ジョンとスチュの絵が現存する場所は?

❶ グレイプス
❷ イー・クラック
❸ ジャカランダ
❹ エンプレス・パブ

Q8　カスバ·コーヒー·クラブの天井に自分の名前をナイフで刻んだのは?

❶ ジョン
❷ ポール
❸ ジョージ
❹ リンゴ

Q9　ポールが2018年6月にライヴを披露した場所は?

❶ セント・バルナバス教会
❷ フィルハーモニック・ホール
❸ フィルハーモニック・ダイニング・ルーム
❹ リヴァプール大聖堂

Q10　キャヴァーン·クラブのトイレで見られるジョンの名曲の一節は?

❶ 「イマジン」
❷ 「マインド・ゲームス」
❸ 「スターティング・オーヴァー」
❹ 「ビューティフル・ボーイ」

[10～8問正解] ツアー·ガイド級

あなたは、イギリスのゆかりの地ツアーにファンを案内できます。ぜひ、ポールがサインをしたペニー・レインの標識も見てきてください。

[7～4問正解] ビートルズ·マニア級

あなたは、今すぐにでも、ゆかりの地ツアーを存分に楽しめます。本書を片手にぜひロンドン&リヴァプールの旅を楽しんできてください。

[3～0問正解] ビートルズ·ファン級

あなたは、曲を聴くだけで満足する普通のファンです。「行動こそはすべて」を実践すべく、本書をもう一度じっくり読むことをおススメします。

ゆかりの地　索引

注：[　] 内の数字は本文に出てくる番号に準じたものです。

ロンドン

【ア】

【カ】

【サ】

【タ】

【ナ】

【ハ】

リヴァプール

【ア】

【カ】

【サ】

【タ】

参考文献

Piet Schreuders, Mark Lewisohn, Adam Smith『*The Beatles' London*』(2009年 Interlink Books)

Richard Porter『*Guide To The Beatles' London*』(2013年 Fab Four Enterprises Ltd)

Mark Lewisohn『*The Complete Beatles Chronicle*』(1992年 Pyramid Books)

Barry Miles『*The Beatles A Diary*』(1998年 Omnibus Press)

『*Step Inside Abbey Road Studios*』(2016年 Abbey Road Studios)

Bill Harry『*The Ultimate Beatles Encyclopedia*』(1992年 MJF Books)

Ron Jones『*The Beatles' Liverpool*』(1991年 Glasgow and Associates, Preston)

Ron Jones『*The Beatles' Liverpool*』(2016年 The Liverpool History Press)

Daniel K. Longman『*The Beatles' Landmarks in Liverpool*』(2017年 Amberley Publishing)

Tony Broadbent『*The Beatles in Liverpool, Hamgurg, London*』(2018年 Plain Sight Press)

David Bedford『*The Fab One Hundred And Four*』(2013年 Dalton Watson Fine Books)

藤本国彦『ビートルズ語辞典』(2017年 誠文堂新光社)

藤本国彦 責任編集『ビートルズ・ストーリー'62〜'70』(分冊/2014年・2015年 ファミマ・ドット・コム、2016年・2017年 音楽出版社)

マーク・ルイソン、ピート・シュローダーズ、アダム・スミス『ビートルズを歩こう!』(2009年 プロデュース・センター出版局)

マーク・ルイソン『ザ・ビートルズ ワークス』(2008年 洋泉社)

マーク・ルイソン『ザ・ビートルズ史〈誕生〉上』『同 下』(2016年 河出書房新社)

ビル・ハリー『ビートルズ百科全書』(1994年 集英社)

バリー・マイルズ『ビートルズ・ダイアリー』(2000年 シンコーミュージック)

広田寛治/編『ザ・ビートルズ大全』(2004年 河出書房新社)

ザ・ビートルズ・クラブ『ビートルズ心の旅』(1995年 光文社)

ザ・ビートルズ・クラブ編『ジョージ・ハリスン全仕事』(2002年 プロデュース・センター出版局)

大人のロック!特別編集『ジョージ・ハリスン 至福のサウンド』(2014年 日経BP社)

『Pen』No.317(2012年 阪急コミュニケーションズ)

『地球の歩き方 ロンドン』(2016年 ダイヤモンド・ビッグ社)

ビートルズ「ご当地」クイズ(P.190-191)の答え

Q1 A:❸EMIハウス　Q2 A:❷プリンス・オブ・ウェールズ・シアター　Q3 A:❹バッグ・オネイルズ　Q4 A:❸アップル・エレクトロニクス　Q5 A:❶「ヘイ・ジュード」　Q6 A:❹セント・ピーターズ教会　Q7 A:❸ジャカランダ　Q8 A:❶ジョン　Q9 A:❸フィルハーモニック・ダイニング・ルーム　Q10 A:❹「ビューティフル・ボーイ」

あとがき

人生は「運と縁と勘」。

10年ほど前から、そう思うようになった。それからというもの、この3つを大事にすれば楽しい日々が送れると信じ、「その日を楽しく生きること」を最優先に過ごしてきた。9年ぶりのイギリス行きも、本書の刊行も、その想いの中から生まれてきたものなのかもしれない。

本書は、紀行文とゆかりの地の解説が合わさった、ありそうでない一冊となった。ポールが2018年6月にアメリカのテレビ番組で観光案内をし、7月にはツアーを公表したおかげで、リヴァプールへの注目度が増しそうだが、この手のガイドブックが日本で出るのは初めてかもしれない。表紙も含めて、ガラになく“公私混同”が激しくなった点は、パロジャケ好きゆえ、とお許し願えればと思う。

本書にお力添えいただいた皆様に感謝の意を――。ツアー実現の大きな「縁」となった栄中日文化センターの川島孝行さんと城所優多さん、名古屋のビートルズ講座の皆様、思い出深い旅をご一緒できた井上ジェイさんと18人の皆様、本書のきっかけを作ってくださった原田英子さんと今井章博さん、刊行や編集全般にご尽力いただいたCCCメディアハウスの鶴田寛之さん、DTP作業を根気強く続けてくださった坂本芳子さん、詳細な地図を作ってくださった辻野良晃さん、そしてステキな本に仕上げてくださった松田行正さんと杉本聖士さん。特に、表紙を含む多くの写真を撮影・提供していただいた菊池健さんには、「ゆかりの地」の原稿執筆を含めて集中的に「共同作業」にも関わっていただいた。深く感謝したい。

今回のツアーでご一緒できなかった方とも、良き縁がありますように。

2018年7月　藤本国彦

藤本国彦と行くロンドン&リバプール・ビートルズゆかりの地めぐりの旅
(2017年10月15日－10月22日)参加者

岩堀 敬(愛知県名古屋市)

岡田理世(兵庫県神戸市)

岡本利雄(愛知県名古屋市)

菊池 健(千葉県野田市)

佐々木晶子(埼玉県坂戸市)

澤野晴彦(静岡県静岡市)

白井秀子(静岡県静岡市)

白石政二郎(愛知県春日井市)

杉本純子(岐阜県羽島市)

田中稔人(愛知県名古屋市)

西田泰博(愛知県半田市)

丸山雅子(愛知県名古屋市)

水谷扶美子(愛知県名古屋市)

武藤章弘(愛知県名古屋市)

森崎みや子(愛知県海部郡)

M(大阪府)

山田 勉(愛知県名古屋市)

渡邊悦子(山口県宇部市)

(敬称略/五十音順)

藤本 国彦（ふじもと・くにひこ）

1961年東京生まれ。1991年㈱音楽出版社に入社し、CDジャーナル編集部に所属（2011年に退社）。2015年にフリーとなり、ビートルズ関連書籍の編集・執筆や、東京・アップリンク渋谷でのトーク・イベント、名古屋・栄中日文化センターでの講座などビートルズの関連事業を手掛ける。主な編著は『ビートルズ213曲全ガイド』、『ビートルズ・ストーリー』シリーズ、井上ジェイ著『ビートルズUK盤コンプリート・ガイド』、鈴木惣一朗著『マッカートニー・ミュージック』、朝日順子著『ビートルズは何を歌っているのか？』（以上、音楽出版社）、『GET BACK ...NAKED』（牛若丸）、『ビートル・アローン』（ミュージック・マガジン）、『ビートルズ語辞典』（誠文堂新光社）、香月利一著『ビートルズ事典 改訂・増補新版』、トム・マレー著『ザ・ビートルズ写真集 マッド・デイ・アウト』（以上、ヤマハミュージックメディア）など。「速水丈」名義での編著も多数。映画『ザ・ビートルズ～EIGHT DAYS A WEEK －The Touring Years』の字幕監修（ピーター・ホンマ氏と共同）も担当。相撲とカレー好き。

デザイン　松田行正＋杉本聖士（マツダオフィス／牛若丸）

編集協力・写真提供　菊池 健

地図作成　辻野良晃

編集協力　井上ジェイ＋高橋加那子（オアシス・オフィス）
藤本豊彦＋坂本芳子
原田英子＋今井章博
栄中日文化センター

ビートルズはここで生まれた
聖地巡礼 from London to Liverpool

2018年8月15日　初版発行

著　者　藤本 国彦
発行者　小林 圭太
発行所　株式会社CCCメディアハウス
〒141－8205 東京都品川区上大崎3丁目1番1号
電話　03-5436-5721（販売）
03-5436-5735（編集）
http://books.cccmh.co.jp
印刷・製本　豊国印刷株式会社

ISBN978-4-484-18227-8